清涼國師華嚴經疏鈔

청량국사화엄경소초

20

보현삼매품

청량징관 찬술 · 관허수진 현토역주

운주사

천이백 년 침묵의 역사를 깨고

오늘도 나는 여전히 거제만을 바라본다.

겹겹이 조종하는 산들

산자락 사이 실가닥 저잣길을 지나 낙동강의 시린 눈빛

그 너머 미동도 없는 평온의 물결 저 거제만을 바라본다.

십오 년 전 그날 아침을 그리며 말이다.

나는 2006년 1월 10일 은해사 운부암을 다녀왔다.

그리고 그날 밤 열한 시 대적광전에서 평소에 꿈꾸어 왔던 『청량국사 화엄경소초』 완역의 무장무애를 지심으로 발원하고 번역에 착수하였다.

나의 가냘픈 지혜와 미약한 지견으로 부처님의 비단과도 같은 화장세계에 청량국사의 화려하게 수놓은 소초의 꽃을 피워내는 긴 여정을 시작한 것이다.

화엄은 바다였고 수미산이었다.

그 바다에는 부처님의 용이 살고 있었고

그 산에는 부처님의 코끼리가 노닐고 있었다.

예쁘게 단장한 청량국사 소초의 꽃잎에는 부처님의 생명이 태동하고 있었고,

겹외의 연꽃 밭에는 영원히 지지 않는 일승의 꽃이 향기를 뿜어내고

있었다.

그 바다 그 산 그리고 그 꽃밭에서 10년 7개월(구체적으로는 2006년
1월 10일부터 2016년 8월 1일까지) 동안 자유롭게 노닐었다.

때로는 산 넘고 강 건너 협곡을 지나고

때로는 은하수 별빛 따라 오작교도 다니었다.

삼경 오경의 그 영롱한 밤

숨쉬기조차 미안한 고요의 숭고함

그 시공은 영원한 나의 역경의 놀이터였다.

애시당초 이 작업은 세계 인문학의 자존심

내가 살아 숨쉬는 이 나라 대한민국 그리고 불교의 자존심에 기인한
것이다.

일찍이 그 누가 이 청량국사의 『화엄경소초』를 완역하였다면 나는
이 작업을 하지 않았을 것이다.

지금도 여전히 완역자는 없다.

더욱이 이 『청량국사화엄경소초』의 유일한 안내자 인악스님의 『잡
화기』와 연담스님의 『유망기』도 그 누가 번역한 사실이 없다.

그러나 내 손안에 있는 두 분의 『사기』는 모두 다 번역하여 주석으로
정리하였다.

이 청량국사 화엄경의 소는 초를 판독하지 않으면 알 수가 없다.

그래서 그 이름을 구체적으로 대방광불화엄경수소연의초大方廣佛華
嚴經隨疏演義鈔라 한 것이다.

즉 대방광불화엄경의 소문을 따라 그 뜻을 강연한 초안의 글이라는 것이다.

청량국사는 『화엄경』의 소문을 4년(혹은 5년) 쓰시되 2년차부터는 소문과 초문을 함께 써서 완성하시고 5년차부터 8년 동안 초문을 쓰셨다.

따라서 그 소문의 양은 초문에 비하면 겨우 삼분의 일에 지나지 않는다 할 것이다.

나는 1976년 해인사 강원에서 처음 『청량국사화엄경소초 현담』 여덟 권을 독파하였고,

1981년부터 3년간 금산사 화엄학림에서 『청량국사화엄경소초』를 독파하였다.

그때 이미 현토와 역주까지 최초 번역의 도면을 완성하였고,

당시에 아쉽게 독파하지 못한 십정품에서 입법계품까지의 소초는 1984년 이후 수선 안거시절 해제 때마다 독파하여 모두 정리하였다.

그러나 번역의 기연이 맞지 않아 미루다가 해인사 강주시절 잠시 번역에 착수하였으나 역시 기연이 맞지 않아 미루었다.

그리고 드디어 2006년 1월 10일 번역에 착수하여 2016년 8월 1일 십만 매 원고로 완역 탈고하고, 2020년 봄날 시공을 초월한 사상 초유 『청량국사화엄경소초』가 1,200년 침묵의 역사를 깨고 이 세상에 처음 눈을 뜨게 된 것이다.

번역의 순서는 먼저 입법계품의 소초, 다음에는 세주묘엄품 소초에서 이세간품 소초까지, 마지막으로 소초 현담을 번역하였다.

번역의 형식은 직역으로 한 글자도 빠뜨리지 않고 번역하였다. 따라서 어색하게 느껴지는 곳도 있을 것이다.

예를 들면 소所 자를 "바"라 하고, 지之 자를 지시대명사로 "이것, 저것"이라 하고, 이而 자를 "그러나"로 번역한 등이 그렇다.

판본은 징광사로부터 태동한 영각사본을 뿌리로 하였고, 대만에서 나온 본과 인악스님의 『잡화기』와 연담스님의 『유망기』와 또 다른 사기 『잡화부』(잡화부는 검자권부터 광자권까지 8권만 있다)를 대조하여 번역하였다.

앞에서 이미 말한 것처럼, 그 누가 청량국사의 『화엄경소초』를 완역한 적이 있었다면 나는 이 번역에 착수하지 않았을 것이다. 지금까지 이 황금보옥黃金寶玉의 『청량국사화엄경소초』가 번역되지 아니한 것은 나에게 주어진 시대적 사명이고 역사적 명령이라 생각한다.

나는 이 『청량국사화엄경소초』의 완역으로 불조의 은혜를 갚고 청량국사와 은사이신 문성노사 그리고 나를 낳아준 부모의 은혜를 일분 갚는다 여길 것이다.

끝으로 이 『청량국사화엄경소초』가 1,200년의 시간을 지나 이 세상에 눈뜨기까지 나와 인연한 모든 사람들 그리고 영산거사 가족과 김시열 거사님께 원력의 보살이라 찬언讚言하며, 나의 미약한 번역으로 선지자의 안목을 의심케 할까 염려한다.

마지막 희망이 있다면 이 『청량국사화엄경소초』의 완역 출판으로 청량국사에 대한 더욱 깊고 넓은 연구와 『화엄경』에 대한 더욱 다양한 연구가 이루어지기를 바라는 것뿐이다.

장세토록 구안자의 자비와 질책을 기다리며 고개 들어 다시 저 멀리 거제만을 바라본다.

여전히 변함없는 저 거제만을.

2016년 8월 1일 절필시에 게송을 그리며

長廣大說無一字 장광대설무일자

無碍眞理亦無義 무애진리역무의

能所兩詮雙忘時 능소양전쌍망시

劫外一經常放光 겁외일경상방광

화엄경의 장대한 광장설에는 한 글자도 없고

화엄경의 걸림없는 진리에는 또한 한 뜻도 없다.

능전의 문자와 소전의 뜻을 함께 잊은 때에

시공을 초월한 경전 하나 영원히 광명을 놓누나.

불기 2566년 음력 1월 10일 최초 완역장

승학산 해인정사 관허 수진

● 화엄경소초현담華嚴經疏鈔玄談(1~8)

● 화엄경소초華嚴經疏鈔

대방광불화엄경수소연의초 제칠권의 일권

大方廣佛華嚴經隨疏演義鈔 第七卷之一卷

우진국 삼장사문 실차난타 번역
청량산 대화엄사 사문 징관 찬술
대한민국 조계종 사문 수진 현토역주

보현삼매품 제삼권
普賢三昧品 第三卷

疏

將釋此品에 四門同前하니라 初來意者는 前衆旣集일새 光示法主어니와 今將說法일새 是故法主가 入定受加로 爲近方便하니 故次來也니라

장차 이 품을 해석하고자 함에 사문四門¹이 있는 것은 앞에서 말한 것과 같다.

처음에 이 품이 여기에 온 뜻은 앞에서는 대중이 이미 모였기에 광명으로 법주를 시현하였거니와 지금에는 장차 법을 설하고자 하기에 이런 까닭으로 법주가 삼매에 들어가 가피를 받은 것으로 근방편²을 삼았으니,

그런 까닭으로 이 품이 현상품 다음에 오게 되었다.

---

1 사문四門이라고 한 것은 내의來意와 석명釋名과 종취宗趣와 석문釋文이다.
2 근방편이라고 한 것은 영인본 화엄 3책, p.388, 7행에 처음에 현상품은 원방편遠方便이 되고, 뒤에 삼매품은 근방편近方便이 된다 하였다.

疏

二에 釋名者는 普賢은 明說法主니 以說普法故요 三昧는 是業用
이니 以非證不宣故라 此則人法合擧니 普賢之三昧며 亦此三昧
가 是普賢所有라 又三昧境界가 名爲普賢이니 一切如來藏身이
爲普賢故라 此則普賢이 卽三昧니 揀餘定也니라 若準梵本인댄
普賢三昧威德神變品이라하니 威德神變은 皆定之用이니 攝用從
體일새 但云三昧也라하니라 縱佛加光讚이라도 皆因定故니라 餘
會는 入定受加하고 起定卽說일새 同爲一品이어니와 今此開者는
文多義廣일새 勸修學故니라 言義廣者는 建立普賢之行願故라
故此比餘하야 麁相而說인댄 四同六異니 言四同者는 入住加出이
라 言六異者는 一은 數異니 餘會는 入起唯一거늘 此會는 入起俱多
故요 二者는 類異니 類餘方故요 三은 利益異니 定起多人益故요
四는 光讚異니 如來毛孔에 光明讚故요 五는 衆請異니 從定起己
에 待衆請故요 六은 證相異니 餘會經終에 方有證相거니와 此品益
己에 卽便地動하고 雨雲等故라 四五二種은 十地雖有나 而不具
六거니와 今此具六일새 故別立品이라 以此說果요 餘皆因故니라
又爲諸會本故며 總故라 七八九會도 雖是果定이나 說通因果며
又非總故니라

두 번째 이름을 해석한 것은 보현은 설법주를 밝힌 것이니
넓은 법을 설하는 까닭이요

삼매는 이 업業의 작용이니

증득한 이가 아니면 선설할 수 없는 까닭이다.

이것은 사람과 법을 합하여 거론한 것이니

보현의 삼매이며[3] 또한 이 삼매가 이 보현의 소유이다.

또 삼매의 경계가 이름이 보현이 되는 것이니

일체 여래장의 몸이 보현이 되는 까닭이다.

이것은 곧 보현이 곧 삼매이니

나머지 삼매와 다름을 가리는 것이다.

만약 범본을 기준한다면 보현삼매위덕신변품이라 할 것이니,

위덕신변이라고 한 것은 다 삼매의 작용이니

작용을 거두어 자체를 좇기에 다만 말하기를 삼매라고만 하였다.[4]

비록 부처님이 가피하고 광명으로 찬탄했다 할지라도 다 삼매를 원인한 까닭이다.

나머지 회會는 삼매에 들어가서 가피를 받고 삼매에서 일어나 곧 설하기에 다 한 품이 되거니와, 지금 여기[5]에서 전개한 것은 문장이 많고 뜻이 넓기에 닦아 배우기를 권하는 까닭이다.

---

3 보현의 삼매라고 한 등은 의주석과 유재석과 지업석의 세 가지 해석은 가히 알 수 있을 것이다. 그러나 처음에 두 가지 해석은 곧 사람과 법을 함께 거론하고 뒤에 한 가지 해석은 곧 단적으로 법만 잡아 말한 것이다. 이상은 『잡화기』의 말이다.

4 다만 말하기를 삼매라고만 하였다고 한 것은 다만 보현삼매품이라고만 말하고 보현삼매위덕신변품이라고는 말하지 않았다는 것이다.

5 지금 여기란, 차회차품此會此品이다.

뜻이 넓다고 말한 것은 보현의 행원을 건립하는 까닭이다.

그런 까닭으로 이 회를 나머지 회에 비교하여 추상麤相으로 설한다면 네 가지는 같고 여섯 가지는 다르나니

네 가지는 같다고 말한 것은 삼매에 들어가고, 머무르고, 가피를 받고, 나오는 것이다.[6]

여섯 가지는 다르다고 말한 것은 첫 번째는 삼매의 수가 다른 것이니

나머지 회는 삼매에 들어가고 일어나는 것이 오직 하나뿐이거늘,

이 회는 삼매에 들어가고 일어나는 것이 함께 많은[7] 까닭이요

두 번째는 삼매의 유형이 다른 것이니

나머지 방소에 비류한 까닭이요

세 번째는 삼매의 이익이 다른 것이니

삼매에서 일어남에 수많은 사람들이 이익하는 까닭이요

네 번째는 광명의 찬란이 다른 것이니

여래의 털구멍에 광명이 찬란하는 까닭이요

다섯 번째는 대중이 청하는 것이 다른 것이니

삼매로 좇아 일어난 이후에 대중이 청함을 기다리는 까닭이요

여섯 번째는 증명하는 모습이 다른 것이니

나머지 회는 경이 끝남에 바야흐로 증명하는 모습이 있거니와,

---

6 원문에 입주가출入住加出이란 삼매三昧에 들어가고, 삼매에 머물고, 삼매에서 가피加被를 받고, 삼매에서 나온다는 뜻이다.

7 원문에 차회입기구다此會入起俱多라고 한 것은 이미 일체세계해一切世界海 미진수삼매微塵數三昧로 좇아 일어났다면 들어가는 것도 응당 또한 그러한 것이다. 즉 미진수삼매로 좇아 들어간다는 것이다.

이 품은 이익케 하여 마침에 곧 문득 땅이 진동하고 비가 내리고 구름이 일어나는 등이 있는 까닭이다.

네 번째와 다섯 번째의 두 가지[8]는 십지+地에도 비록 있기는 하지만 그러나 여섯 가지를 갖추지는 못하였거니와, 지금 여기에서는 여섯 가지를 갖추었기에 그런 까닭으로 따로 이 품을 세운 것이다. 이 회는 과법果法을 설한 것이요 나머지 회는 다 원인(因)인 까닭이다. 또 이 회는 모든 회의 근본이 되는 까닭이며 총總이 되는 까닭이다. 칠회, 팔회, 구회도 비록 이 과보의 삼매가 있지만 인과에 통한다고 말하며 또한 총總이 아닌 까닭이다.

鈔

縱佛加下는 二에 解妨難이니 有二種難이라 一은 義廣名局難이니 難

---

8 네 번째와 다섯 번째의 두 가지라고 한 등은, 다만 이것은 저 비난자가 저 십지품에는 어찌하여 전개하지 않고 지금 여기에서 따로 전개하는가 한 비난을 통석한 것이니, 만약 저 비난자가 광명의 찬탄하는 등이 십지에도 또한 있거니 어찌하여 여섯 가지가 다르다고 하는가 하는 비난을 통석하고자 한다면, 응당 말하기를 저 십지에도 비록 두 가지(네 번째 광명이 찬탄하는 것, 다섯 번째 대중이 청하는 것)가 있기는 하지만 이미 나머지 네 가지(六中四)가 없고, 또 그 나머지 회는 곧 여섯 가지가 다 없는 까닭으로 가히 다분함을 좇아 여섯 가지가 다르다고 말함을 얻을 수 있다 해야 할 것이니, 이 뜻은 쉬운 까닭으로 말하지 않는다. 이상은 다 『잡화기』의 말이다. 그러나 소초문을 보는 것이 이해가 더 쉽다. 즉 십지에는 두 가지뿐이고 나머지 회는 여섯 가지가 온전히 없는 까닭으로 가히 다분함을 좇아 여섯 가지가 다르다고 말함을 얻는 것이다.

云호대 文中에 具有佛加光讚거늘 何以偏名三昧고하니 釋意可知라
餘會下는 通第二의 違例開品難이니 難云호대 諸會之中에 皆入定等
이 在於本品거늘 今何開耶아할새 故疏牒此以答하니라 答文有二하니
一은 釋餘不開所由라 四五二種下는 展轉生難云호대 光讚衆請이
十地亦有어니 何名六異며 彼何不開하고 今此別開고하니 答意可知
라 七八九下는 通躐跡難이니 難云호대 若說果法하야 別立此品인댄
七八九會도 亦說果法거니 何不立耶아하니 答意云호대 彼唯有一이
요 而無有二義故라

비록 부처님이 가피하고 광명으로 찬탄했다 할지라도라고 한 아래는
두 번째 방해하여 비난함을 해석한 것이니,
모두 두 가지 비난이 있다.
첫 번째는 뜻이 넓고 이름이 국한한다고 비난하는 것이니,
비난하여 말하기를 글 가운데 부처님이 가피하고 광명으로 찬탄한
것을 갖추고 있거늘 무슨 까닭으로 치우쳐 삼매라고만 이름하는가
하니
통석한 뜻은 가히 알 수가 있을 것이다.[9]

나머지 회[10]라고 한 아래는 제 두 번째 상례常例로 이품을 전개하는

---

9 통석한 뜻은 가히 알 수가 있을 것이라고 한 것은 소문에 비록 부처님이
  가피하고 광명으로 찬탄하였다 할지라도 다 삼매를 원인한 까닭이다 한 것이
  그것이다.
10 나머지 회라고 한 것은 영인본 화엄 3책, p.570, 4행의 나머지 회이고 이

것이 어긴다고 비난함을 통석한 것이니,

비난하여 말하기를 모든 회 가운데 다 삼매에 들어가는 등이 본품(當品)에 있거늘 지금에 어찌하여 여기에서 전개하는가 하기에, 그런 까닭으로 소문에서 이것을 첩석하여 답하였다.

답하는 글에 두 가지가 있나니[11]

첫 번째는 나머지 회에서 전개하지 아니한 이유를 통석한 것이다.

네 번째와 다섯 번째의 두 가지라고 한 아래는 전전히 비난을 일으켜[12] 말하기를 광명의 찬탄과 대중이 청하는 것이 십지에도 또한 있거니 어찌하여 여섯 가지가 다르다고 이름하며, 저기에서는 어찌하여 전개하지 않고 지금 여기에서 따로 전개하는가 하니,

답한 뜻은 가히 알 수가 있을 것이다.[13]

칠회, 팔회, 구회라고 한 아래는 자취를 밟아서 비난함을 통석한 것이니,

비난하여 말하기를 만약 과법果法을 설하여 따로 이 품을 세웠다면

아래 같은 책 p.570, 10행의 나머지 회는 아니다.

11 답하는 글에 두 가지가 있다고 한 것은, 첫 번째는 나머지 회에서 전개하지 아니한 이유를 통석한 것이고, 두 번째는 두 줄 뒤에 지금 여기에서 따로 연다고 한 아래는 지금에 전개한 까닭을 통석한 것이다.

12 타본에는 전전생난展轉生難이니 난운難云이라 하여 난難 자가 하나 더 있다. 앞뒤 문장을 비견하면 난難 자가 하나 더 있는 것이 옳다 할 것이나 그러나 뜻은 다 통한다.

13 답한 뜻은 가히 알 수가 있을 것이다고 한 것은 십지에도 비록 있기는 하지만 그러나 여섯 가지를 갖추지 못하였거니와 지금 여기에서는 여섯 가지를 갖추었기에 그런 까닭으로 따로 이 품을 세운 것이다고 한 것이다.

칠회, 팔회, 구회도 또한 과법을 설하였거니 어찌하여 이 품을 세우지
않았는가 하니,
답한 뜻에 말하기를 저 회는 오직 한 뜻만 있을 뿐[14] 두 가지 뜻이
없는 까닭이다 하였다.

疏

三에 宗趣者는 入法界定에 法界佛加로 爲宗하고 令法界衆으로
成法界德으로 爲趣어니와 望於後品에 亦說世界海로 爲趣니라

세 번째 종취는 법계의 삼매에 들어감에 법계의 부처님이 가피하는
것으로 종宗을 삼고 법계의 중생으로 하여금 법계의 공덕을 이루게
하는 것으로 취趣를 삼거니와, 뒤에 품을 바라봄에 또한 세계의
바다로 취趣를 삼는다 말할 것이다.

---

14 저 회는 오직 한 뜻만 있을 뿐이라고 한 등은, 오직 과정果定의 한 가지
    뜻만 있고 다만 과와 그리고 총본(總本 ― 모든 회의 근본)의 두 가지 뜻이
    없는 것이다. 앞의 가운데는 근본과 총의 두 가지 뜻을 전개하였거니와
    지금 가운데는 다만 총의 한 가지 뜻만 둔 것은 대개 이 초회로써 다만
    이 근본이라고만 말하면 반드시 이는 총이 아니거니와, 만약 초회를 지목하여
    이 총이라 말한다면 거연히 또한 근본일 것이니 그런 까닭으로 지금 가운데
    다만 한 가지 뜻만 둔 것이다. 만약 강사의 옛 말일진대 두 가지 뜻이 없다고
    한 것은 총이 되고 근본이 된다는 두 가지 뜻이 없다는 것이다. 역시 『잡화기』의
    뜻이다. 저 회란 칠, 팔, 구회이다. 오직 한 뜻이란 과삼매果三昧이다. 두
    가지 뜻이란 과果와 총總의 뜻이다.

經

爾時에 普賢菩薩摩訶薩이 於如來前에 坐蓮華藏師子之座하야
承佛神力하야 入于三昧하니

그때에 보현보살 마하살이 여래의 앞에 연꽃으로 갈무리한 사자의
자리에 앉아 부처님의 위신력을 받아 삼매에 들어가니

疏

四에 釋文者는 文有六分하니 一은 三昧分이요 二는 加持分이요
三은 起定分이요 四는 作證分이요 五는 毛光讚德分이요 六은 大衆
偈請分이라 初中有二하니 一은 明此界入定이요 二는 類通十方이
라 就初分三하리니 一은 承力入定이요 二는 彰定名字요 三은 明定
體用이라 今初有六하니 一은 時니 說偈竟時요 二는 主니 顯佛普德
이 唯普賢故요 三은 處니 於如來者에 常對佛故요 四는 所依座니
大集云호대 菩薩이 得蓮華陀羅尼일새 故說法處에 皆有蓮華라하
니 表所入三昧가 自性無染하고 含果法故요 五는 所依因이니 謂所
入深廣일새 要承力故요 六은 正入三昧니 心境冥故라

네 번째 경문을 해석하는 것은 경문에 육분六分이 있나니
첫 번째는 삼매에 들어가는 분이요
두 번째는 가피하여 섭지(호지)하는 분[15]이요
세 번째는 삼매에서 일어나는 분[16]이요

네 번째는 증명을 짓는 분[17]이요
다섯 번째는 털구멍에 광명으로 공덕을 찬탄하는 분[18]이요
여섯 번째는 대중이 게송으로 청하는 분[19]이다.

처음 가운데 두 가지가 있나니
첫 번째는 이 세계에서 삼매에 들어감을 밝힌 것이요
두 번째는 시방세계를 비류하여 통석한 것이다.

처음에 나아가 세 가지로 분류하리니
첫 번째는 위신력을 받아 삼매에 들어간 것이요
두 번째는 삼매의 이름을 밝힌 것이요
세 번째는 삼매의 자체와 작용을 밝힌 것이다.

지금은 처음으로 여섯 가지가 있나니
처음에는 시간이니
게송을 설하여 마친 때요
두 번째는 설법주이니
부처님의 넓은 공덕을 나타내는 이는 오직 보현보살뿐인 까닭이요

---

15 가피하여 섭지(호지)하는 분은 영인본 화엄 3책, p.600, 4행이다.
16 삼매에서 일어나는 분은 영인본 화엄 3책, p.614, 말행이다.
17 증명을 짓는 분은 영인본 화엄 3책, p.633, 8행이다.
18 털구멍에 광명으로 공덕을 찬탄하는 분은 영인본 화엄 3책, p.635, 8행이다.
19 대중이 게송으로 청하는 분은 영인본 화엄 3책, p.653, 4행이다.

세 번째는 처소이니

저 여래의 앞에서[20] 항상 부처님을 대하는 까닭이요

네 번째는 의지할 바 자리이니

『대집경』에 말하기를 보살이 연꽃 다라니를 얻었기에 그런 까닭으로 설법하는 처소에 다 연꽃이 있다 하였으니,

들어갈 바 삼매가 자성이 오염됨이 없고 과법을 포함하고 있음을 표한 까닭이요

다섯 번째는 의지할 바 원인이니

말하자면 들어갈 바 삼매가 깊고도 넓기에 부처님의 위신력을 받는 까닭이요

여섯 번째는 바로 삼매에 들어간 것이니

마음과 경계가 명합한 까닭이다.

---

20 원문에 의依 자는 어於 자의 잘못이다.

經

此三昧가 名一切諸佛毘盧遮那如來藏身이라

이 삼매가 이름이 일체제불비로자나[21]여래장신(일체 모든 부처님
비로자나 여래장의 몸)입니다.

疏

二에 此三昧下는 彰定名字라 毘盧遮那는 前已廣釋거니와 復有釋
言호대 廣大生息이라하니 具此三義일새 名如來藏身이라 身은 卽
體也依也라 此有二種하니 一者는 修成이요 二者는 本性이라 本性
者는 凡聖俱成이요 修成者는 唯諸佛有라 諸佛有者는 慈悲無邊일
새 故名爲廣이요 智慧無上일새 故稱爲大요 生相已盡일새 故云生
息이라하니라 涅槃云호대 離有常住일새 故名如來요 萬德含攝일새
是謂藏身이라하니 卽是出纏之法身也니라 言本性者는 謂卽藏識
이니 包含種子하고 建立趣生일새 故名爲廣이요 本覺現量이 與佛
等故로 名之爲大요 新新生故로 名之爲生이요 染淨苦樂이 所不
能動일새 故名爲息이라 卽上法身이 在纏名藏이니 謂空不空이라
空爲能藏하야 藏不空故니라

두 번째 이 삼매라고 한 아래는 삼매의 이름을 밝힌 것이다.

---

21 비로자나는 비는 광대, 로자는 생생, 나는 식식이라고 소문에 말하고 있다.

비로자나는 앞에서 이미 폭넓게 해석하였거니와 다시 어떤 사람이
해석하여 말하기를 광대하여 생상生相이 쉬었다 하였으니,
이 세 가지 뜻을[22] 갖추었기에 여래장신이라 이름하는 것이다.
신身이라고 한 것은 곧 자체이며 의지[23]다.
여기에 두 가지 뜻이 있나니
첫 번째는 닦아서 이루는 것이요
두 번째는 본성이다.
본성이라고 한 것은 범부와 성인이 함께 이루고 있는 것이요
닦아 이룬다고 한 것은 오직 모든 부처님만이 있는 것이다.

모든 부처님만이 있다고 한 것은 자비가 끝이 없기에[24] 그런 까닭으로
이름하여 광廣이라 하고,
지혜가 더 이상 없기에[25] 그런 까닭으로 이름하여 대大라 하고,
생상生相이 이미 다하였기에[26] 그런 까닭으로 말하기를 생상이 쉬었

---

22 이 세 가지 뜻이라고 한 것은 비毘는 광대廣大이고, 로자盧遮는 생生이고,
  나那는 식식息이니 이것이 비로자나의 세 가지 뜻이다.
23 자체이며 의지라고 한 것은, 자체는 법신의 자체이고 의지는 보신과 화신의
  공덕이 의지할 곳이라는 것이다. 『잡화기』에 말하기를 자체라고 한 것은
  법신의 자체가 임지任持하여 잃지 않는 것이고, 의지한다고 한 것은 보신과
  화신의 공덕이 의지할 바라 한 까닭이다 하였다.
24 자비가 끝이 없다고 한 것은 은덕恩德이다.
25 지혜가 더 이상 없다고 한 것은 지덕智德이다.
26 생상生相이 이미 다하였다고 한 것은 단덕斷德이다. 생상이란 생生·주住·이異·
  멸滅의 생상生相이다.

다 하였다.

『열반경』 제사第四에 말하기를[27] 유有를 떠나 상주하기에 그런 까닭으로 여래라 이름하고, 만덕을 함섭하고 있기에 이를 장신藏身이라 말한다 하였으니

곧 이것은 번뇌의 얽힘을 벗어난 법신이다.

본성이라고 말한 것은 말하자면 곧 장식藏識이니,

종자를 포함하고 육취·사생을 건립하기에 그런 까닭으로 이름을 광廣이라 하고,

본각의 현량이[28] 부처님으로 더불어 같은 까닭으로 이름을 대大라 하고,

새롭게 새롭게 일어나는 까닭으로 이름을 생生이라 하고,

더럽고 깨끗하고 괴롭고 즐거움이 능히 동요하지 못하는 바이기에 그런 까닭으로 이름을 식息이라 한다.

곧 위에 법신이 번뇌에 얽혀 있는[29] 것을 장藏이라 이름하나니,

---

27 원문에 열반운涅槃云 이하는 涅槃 第二經(南經)에 문수文殊가 순타에게 말하기를, 여래如來는 상주常住하는 법法이며, 불변不變하는 법이며, 하염없는 법이라 하였다. 그러나 만덕함섭萬德含攝이라는 말은 『열반경涅槃經』 제이권第二卷에는 보이지 않는다. 북경北經은 제사경第四經이고, 남경南經은 제이경第二經이다.

28 본각의 현량現量이라고 한 것은, 『잡화기』에 말하기를 능히 증득한 것을 겸하여 거론한 것이니 그 뜻은 증득한 바를 나타내려는 것이다 하였다. 현량現量이란 삼량三量의 하나로 현상現相을 그대로 각지覺知하는 것이다.

29 원문에 법신재전法身在纏이라고 한 것은 곧 재전법신在纏法身이다.

말하자면 공空과 불공不空이다.

곧 공이 능장이 되어[30] 불공을 감추고 있는 까닭이다 하겠다.

鈔

復有釋下는 先總釋이라 中毘는 廣大也요 盧遮는 生也요 那者는 息也니 卽安國意也라 諸佛下는 初에 釋修成三義니 卽是三德이니 謂恩智斷이라 言生相盡者는 卽起信意라 彼有三細하니 謂業轉現이라 總名生相이니 在賴耶識이라 今言盡者는 論云호대 菩薩地盡하고 覺心初起에 心無初相하야 以遠離微細念故로 得見心性하야 心卽常住가 名究竟覺이라하니 釋曰遠離細念이 卽生相盡也라 故次引涅槃經의 離有常住하야 釋如來義니 卽第四經이라 離有는 卽生相息也요 常住之義는 同上起信이라 言本性下는 釋本性이라 言本覺現量者는 本覺은 卽是所證本性이니 唯眞現量이라야 方能證故라 與佛等者는 起信論

30 공이 능장이 된다고 한 등은, 『잡화기』에 말하기를 초문에 두 가지 뜻이 있나니, 처음에는 곧 허망한 식의 공장空藏이 법신의 불공장不空藏을 감추어 덮고 있는 것이니 곧 허망한 식으로써 공장이라 이름한 것은 허망한 식의 자체가 이 공인 까닭이며, 능히 본각을 덮는 까닭이니 이것은 곧 여래의 장이다.

뒤에는 곧 허망함이 없는 공장이 불공장의 자성의 공덕을 감추어 함섭하고 있는 것이니 곧 허망함이 없는 것으로써 공장이라 이름한 것은 법신이 비록 번뇌 가운데 덮여 있으나 법신의 자체는 본래 허망함이 없는 까닭으로 공이라 이름하고, 허망함이 없는 곳을 따라 곧 항하사 공덕을 섭수하는 까닭으로 장이라 이름하는 것이니 이것은 곧 여래가 곧 장이다. 대의가 이와 같은 것은 초문에 있으니 가히 자세히 볼 것이다 하였다.

云호대 所言覺義者는 謂心體離念이니 離念相者가 等虛空界하야 無
所不遍이 卽是如來의 平等法身이니 說名本覺이라하니 故以等佛로
而釋大也니라 新新生者는 釋生息義니 雖別明二字나 意取卽生而
息이니 上約本淨이요 今約隨緣이라 言染淨苦樂이 所不能動者는
上約隨緣이요 此明不變이라 又約上生滅이요 此約眞如니 故約生滅
隨緣인댄 常生이요 約眞如不變인댄 常息이라 卽上法身下는 別釋藏
字하고 兼釋如來가 非報身也라 謂空不空은 標二藏名이니 起信云호
대 復次眞如를 依言說分別인댄 有二種義라 一者는 如實空이니 以能
究竟顯實故요 二者는 如實不空이니 以有自體가 具足無漏性功德
故라하니 釋曰上卽雙標라

다시 어떤 사람이 해석하여 말하였다고 한 아래는 먼저는 한꺼번에
해석한 것이다.
그 가운데 비毘는 광대의 뜻이요
로자盧遮는 생生의 뜻이요
나那는 식息의 뜻이니 곧 안국사[31]의 뜻이다.

모든 부처님만이 있다고 한 아래는 처음에 닦아 이룸에 세 가지
뜻을 해석한 것이니,
곧 이것은 삼덕이니 말하자면 은덕, 지덕, 단덕이다.
생상이 이미 다했다고 말한 것은 곧 『기신론』의 뜻이다.

---

31 안국사安國寺란, 안국사의 이강利剛과 원섭元涉이다.

저기에 삼세가 있나니

말하자면 업상과 전상과 현상이다.

모두 다 생상이라고 이름하나니[32]

아뢰야식 속에 있기 때문이다.

지금에 다했다고 말한 것은 『기신론』에 말하기를 보살의 지위가
다하고 각심이 처음 일어남에[33] 마음에 초상初相이 없어서 미세 망념
까지 멀리 떠난 까닭으로 심성을 보아 마음이 곧 상주하는 것이
이름하여 구경각이라 하였으니,

해석하여 말하면 미세 망념까지 멀리 떠난 것이 곧 생상이 다했다는
것이다.

그런 까닭으로 다음에 『열반경』에 유를 떠나 상주한다는 말을 인용
하여 여래의 뜻을 해석하였으니

곧 『열반경』 제사경[34]이다.

유를 떠났다는 것은 곧 생상이 쉬었다는 것이요,

---

32 모두 다 생상이라고 이름한 것은 곧 이것은 초가의 또 다른 뜻이니, 다
　이것은 삼세(업상, 전상, 현상)의 지위인 까닭으로 합하여 일상(一相一生相)을
　삼은 것이다. 역시 『잡화기』의 말이다.

33 각심이 처음 일어난다고 한 것은 두 가지 뜻이 있다. 첫 번째 청량스님은
　현수스님과 같이 각심이 처음 일어났다 하고, 두 번째 원효스님은 마음이
　처음 일어난 것을 깨달았다 하였으니 각심은 무명업상無明業相이고, 마음이
　처음 일어났다(心初起)고 한 것은 생상生相이니 곧 삼상三相이다. 각심은 무명
　업상이라고 한 것은 현수스님의 뜻이고, 심초기는 생상이니 곧 삼상이라고
　한 것은 원효스님의 뜻이다.

34 『열반경』 제사경은 남장경으로는 제이경第二經이다.

상주한다[35]는 뜻은 위에 『기신론』의 말과 같다.

본성이라고 말한 아래는 본성을 해석한 것이다.
본각의 현량이라고 한 것은 본각은 곧 이것은 증득할 바 본성이니,
오직 참다운 현량이라야 바야흐로 능히 증득하는 까닭이다.
부처님으로 더불어 같다고 한 것은 『기신론』에 말하기를 말한 바
각覺의 뜻이라고 한 것은 말하자면 마음의 자체가 망념을 떠난
것이니,
망념을 떠난 모습이 허공계와 같아서 두루하지 않는 바가 없는
것이 곧 여래의 평등한 법신이니
이름을 설하여 본각이라 한다 하였으니,
그런 까닭으로 평등한 부처님으로써 대大를 해석한 것이다.
새롭게 새롭게 일어난다고 한 것은 생식生息의 뜻을 해석한 것이니,
비록 두 글자[36]를 따로 밝힐 것이지만 뜻은 곧 일어났다가 사라지는
것을 취한 것이니
이 위에[37]는 본래 청정한 것을 잡은 것이요,
지금[38]에는 염법을 따르는[39] 것을 잡은 것이다.
더럽고 깨끗하고 괴롭고 즐거움이 능히 동요하지 못하는 바라고

---

35 상주한다고 한 것은 바로 위에 마음이 곧 상주한다고 한 것이다.
36 두 글자라고 한 것은 신新과 신新이니 생生과 식息이다.
37 이 위에란, 본각의 현량이다.
38 지금이란, 새롭게 새롭게 일어나는 것이다.
39 원문에 隨緣이라 한 緣은 染 자의 잘못이다.

말한 것은 이 위에[40]는 수연隨緣을 잡은 것이요,

여기는[41] 불변不變을 밝힌 것이다.

또 이 위에는 생·멸을 잡은 것이요

여기는 진여를 잡은 것이니

그런 까닭으로 생멸과 수연을 잡는다면 상생常生이 되고,

진여와 불변을 잡는다면 상식常息이 되는 것이다.

곧 위에 법신이라고 한 아래는 장藏이라는 글자를 따로 해석하고

겸하여 여래가 보신이 아닌 것도 해석한 것이다.

말하자면 공과 불공이라고 한 것은 이장二藏의 이름을 표한 것이니,

『기신론』에 말하기를 다시 진여를 언설을 의지하여 분별한다면

두 가지 뜻이 있다.

첫 번째는 여실한 공空이니[42]

능히 구경에는 진실을 나타내는 까닭이요

두 번째는 여실한 불공不空이니

진여 자체가 무루자성의 공덕을 구족하고 있는 까닭이다 하였으니,

해석하여 말하면 이 위에는 곧 공과 불공을 함께 표한 것이다.

---

40 이 위에란, 새롭게 새롭게 일어나는 것이다.

41 여기란, 더럽고 깨끗하고 괴롭고 즐겁다 운운한 것이다. 위에, 지금에, 위에, 여기의 뜻은 『잡화기』도 같다.

42 여실한 공空이라고 한 것은 여실공과 여실불공은 운허사전, p.578에 있으니 참고하라.

空爲能藏者는 卽次論意니 論云호대 所言空者는 從本已來로 一切染法이 不相應故니 謂離一切法의 差別之相하야 以無虛妄心念故라 當知하라 眞如自性은 非有相이며 非無相이며 非非有相이요 非非無相이며 非有無俱相이며 非一相이며 非異相이며 非非一相이요 非非異相이며 非一異俱相이라 乃至總說컨댄 一切衆生이 以有妄心하야 念念分別하야 皆不相應일새 故說爲空이언정 若離妄心인댄 實無可空故니라 所言不空者는 以顯法體가 空無妄故로 卽是眞心이 常恒不變하며 淸淨滿足일새 則名不空이언정 亦無有相可取니 以離念境界는 唯證相應故라하니 釋曰上引論文은 卽雙釋二藏거니와 而疏引意는 釋於空藏不空이니 意猶難見이라 此有二意하니 一者는 據論標中本意인댄 自性淸淨心이 不與妄合일새 則名爲空이요 性具萬德일새 卽名不空이라하며 及至釋文하야 乃云호대 若離妄心인댄 實無可空이라하니 卽顯空藏은 因妄而顯이요 不空之藏은 要由翻染하야 方顯不空이라 故云以顯法體가 空無妄故로 卽是眞心等이니 如本有檀德거늘 今爲慳貪하고 本有尸德거늘 今隨五欲하고 本有忍德거늘 今爲嗔恚하고 本有進德거늘 今爲懈怠하고 本有寂定거늘 今爲亂想하고 本有大智거늘 今爲愚癡하야 藏於慧니라 是故論云호대 以知法性이 無慳貪故로 隨順修行檀波羅蜜等이라하니 萬行例然하니라 故下論에 釋本有眞實識知義云호대 若心有動하면 非眞識知라하니 明妄心之動이 藏其眞知니라 是以로 卽妄之空이 藏不空之萬德이라 故經云호대 知妄本自眞하면 見佛則淸淨이라하니라 故上論云호대 以能究竟顯實일새 故名爲空이라하니 故知空藏이 能藏不空이라 能藏旣空인댄 則不空之藏이 本來具矣니라 二者는 自性心上에 無妄爲空이요 隨所

無者는 即不空德이니 如空無慳悋이라하면 即顯有檀이요 空無妄動
이라하면 顯有性空일새 故是空藏이 藏不空也니라

공이 능장이 되었다고 한 것은 곧 다음[43]에 『기신론』의 뜻이니,
『기신론』에 말하기를 말한 바 공이라고 한 것은 본래부터 오면서
일체 염법이 서로 응하지 않는 까닭이니,
말하자면 일체 법의 차별한 모습을 떠나 허망한 마음과 생각이
없는 까닭이다.
마땅히 알아라.
진여의 자성은 유상有相도 아니며,
무상無相도 아니며,
유상이 아니라는 것도 아니고 무상이 아니라는 것도 아니며,
유상과 무상이 함께 상이 아니며,
일상一相도 아니며,
이상異相도 아니며,
일상이 아니라는 것도 아니고 이상이 아니라는 것도 아니며,
일상과 이상이 함께 상이 아니다.
내지 한꺼번에 말한다면 일체중생이 허망한 마음이 있어서 생각
생각에 분별하여 다 서로 응하지 않기에 그런 까닭으로 공空이라고
말하였을지언정, 만약 허망한 마음을 떠난다면 진실로 가히 공이라
고 할 것도 없는 까닭이다.

---

43 다음이라고 한 것은 위에서 인용한 『기신론』의 말 다음이라는 뜻이다.

말한 바 불공이라고 한 것은 법의 자체가 공하여 허망한 마음이 없는 까닭으로 곧 이 진심이 항상하여 변하지 아니하며 청정[44]하여 만족하기에 곧 불공不空이라고 이름함을 나타내었을지언정, 또한 상相 가히 취할 것이 없나니 망념을 떠난 경계는 오직 증득한 사람이라야 서로 응하는 까닭이다 하였으니,

해석하여 말하면 이 위에서 인용한『기신론』문은 곧 이장二藏을 함께 해석한 것이거니와, 그러나 소문에서 인용한 뜻은 공空이 불공不空을 감추고 있음을 해석한 것이니 뜻이 오히려 보기가 어렵다. 여기에 두 가지[45] 뜻이 있나니

첫 번째는『기신론』의 표명標名 가운데[46] 본의本意를 의거한다면 자성의 청정한 마음이 망념으로 더불어 부합하지 않기에 곧 공空이라 이름하고, 자성이 만덕을 갖추고 있기에 곧 불공이라 이름한다

---

44 청정이라고 한 것은『기신론』에는 정법淨法이라 하였다.

45 여기에 두 가지 뜻이 있다고 한 등은, 처음에 뜻은 망념으로써 공을 삼고 망념을 번복하는 것으로써 불공을 삼았으나 그러나 그것은『기신론』의 석문釋文을 의거한 것이니, 그 가운데 공장은 곧 다만 석문 가운데 후절後節만 취하고 불공장은 곧 온전히 석문을 다 취하였다.

뒤에 뜻은 망념이 없는 것으로 공을 삼고 망념이 없는 곳에 나타난 바 자성의 공덕으로써 불공을 삼았으나 그러나 그것은『기신론』의 표문標文을 의거한 것이니, 그 가운데 공장은 곧 표문과 그리고 석문 가운데 초절初節을 다 취하고 불공장은 곧 다만 표문만 취하였다. 이상은 다『잡화기』의 말이다. 두 가지 뜻이라고 한 것은『기신론』의 표명標名과『기신론』의 석문釋文이다.

46 『기신론』의 표명標名 가운데라고 한 것은 소문에 법신이 번뇌에 얽혀 있는 것을 장藏이라 이름하나니 말하자면 공과 불공이라 하고, 초문에는 말하자면 공과 불공은 이장二藏의 이름을 표한 것이다 하였다.

하였으며,

그리고 석문釋文에 이르러 이에 말하기를 만약 허망한 마음을 떠난다면 진실로 가히 공이라고 할 것이 없다 하였으니

곧 공장空藏을 나타내는 것은 망념을 인하여 나타내는 것이요, 불공장不空藏은 요컨대 염법을 번복함을 인유하여 바야흐로 불공을 나타내는 것이다.

그런 까닭으로 말하기를 법의 자체가 공하여 허망한 마음이 없는 까닭으로 곧 이 진심이 항상하여 변하지 않는다 한 등이니,

마치 본래부터 보시의 공덕이[47] 있었거늘 지금에 간탐하고, 본래부터 지계의 공덕이 있었거늘 지금에 오욕을 따르고, 본래부터 인욕의 공덕이 있었거늘 지금에 성질을 내고, 본래부터 정진의 공덕이 있었거늘 지금에 해태하고, 본래부터 고요한 선정이 있었거늘 지금에 산란한 생각을 내고, 본래부터 큰 지혜가 있었거늘 지금에 어리석어 지혜를 감춘 것과 같다.

이런 까닭으로 『기신론』에 말하기를 법성이[48] 간탐이 없는 줄 아는

---

47 마치 본래부터 보시의 공덕이 운운과 아래 그런 까닭으로 하론에 본래부터 운운은 모두 다 공장이 불공장을 능히 감추고 있는 것을 밝히고 있다. 역시 『잡화기』의 말이다.

48 이런 까닭으로 『기신론』에 말하기를 법성이 운운과 아래 그런 까닭으로 화엄경에 말하기를 망심이 운운과 그 아래 그런 까닭으로 상론에 말하기를 능히 구경에 운운은 모두 다 능장이 이미 공이라고 하였다면 불공도 본래 갖추고 있다는 것을 밝히고 있는 것이니, 그런 까닭으로 아래에 모두 맺어 말하기를(영인본 화엄 3책, p.578, 8행) 그런 까닭으로 공장이 곧 능히 불공장을 감추고 있는 줄 알아야 할 것이다 운운하였다. 역시 『잡화기』의 말이다.

까닭으로 보시바라밀을 수순하여 수행하는 등이다 하였으니,
육도만행도 예가 그러한 것이다.

그런 까닭으로 하론下論[49]에 본래부터 구족하고 있는 진실식지眞實識
知의 뜻을 해석하여 말하기를 만약 마음이 동요함이 있다면 참으로
아는 것이 아니다 하였으니,

망심의 동요가 그 진실식지를 감추고 있음을 밝힌 것이다.

이런 까닭으로 망심에 즉한 공空이 불공不空의 만덕을 감추고 있다는
것이다.

그런 까닭으로 『화엄경』에 말하기를 망심이 본래 스스로 진심인
줄 안다면 곧 부처님이 곧 청정한 줄 볼 것이다 하였다.

그런 까닭으로 상론上論에 말하기를 능히 구경에 진실을 나타내기에
그런 까닭으로 공空이라 이름한다 하였으니,

그런 까닭으로 공장이 능히 불공을 감추고 있음을 알 것이다.

능장能藏이 이미 공空이라고 하였다면 곧 불공장이 본래부터 갖추어
져 있음을 나타낸 것이다.

두 번째는 자성의 마음 위에 망념이 없는 것은 공空이 되고 없는
바를 따르는 것은 곧 불공不空의 공덕이니,

허공과 같아 아낌이 없다고 하였다면 곧 보시의 공덕이 본래부터
있음을 나타낸 것이요, 공하여 망념이 동요함이 없다고 하였다면
성공性空이 본래부터 있음을 나타낸 것이기에 그런 까닭으로 이것은

---

49 하론下論이란, 지금 인용한 이 『기신론』 아래 문장이다.

공장이 불공을 감추고 있다는 것이다.

疏

若以光明遍照로 解毘盧遮那인댄 毘盧遮那는 卽是能觀大智요
如來藏身은 卽所觀深理니 凡雖理有나 佛智方照니라 又毘盧遮
那는 亦通本有니 本有眞實識知와 遍照法界義故라 斯卽本覺을
迷而不知하야 不得其用이니 唯佛覺此하야 能無不爲라 故云一切
諸佛이라하니 揀非凡也며 亦非因也니라

만약 광명변조光明遍照로써 비로자나를 해석한다면 비로자나는 곧
이 능관能觀의 큰 지혜요
여래장신은 곧 소관所觀의 깊은 진리이니,
범부가 비록 진리가 있지만 부처님의 지혜라야 바야흐로 비출 수
있는 것이다.
또 비로자나는[50] 또한 본유本有에 통하는 것이니
본래부터 갖추고 있는 진실식지와 변조 법계의 뜻인 까닭이다.

---

[50] 또 비로자나 운운이라 한 것은, 앞에 뜻인즉 위에 여덟 글자(차삼매명일체제불
此三昧名一切諸佛)로 능히 관찰하는 것을 삼고 아래 네 글자(비로자나毘盧遮那)
로 관찰할 바를 삼았거니와, 지금의 뜻인즉 위에 네 글자(차삼매명)로 오직
능히 관찰하는 것을 삼고 아래 여덟 글자(일체제불비로자나)로 다 관찰할
바를 삼는 것이다. 아래 초문에 여래라고(영인본 화엄 3책, p.580, 1행) 말한
것은 곧 경문 가운데 일체제불이라 한 것을 가리킨 것이다. 역시 『잡화기』의
말이다.

이것은 곧 본각을 미하여 알지 못해 그 작용을 얻지 못한 것이니, 오직 부처님만이 이것을 깨달아 능히 작위하지 아니함이 없는 것이다.

그런 까닭으로 말하기를 일체 부처님이다 하였으니,

범부가 아님을 가리며 또한 인지因地가 아님을 가린 것이다.

鈔

若以光明下는 二에 約光明遍照釋이라 曲有二意하니 一은 以毘盧遮那로 爲能證이니 卽是修成이요 如來藏身으로 以爲本有하니 是故結云호대 凡雖本有나 佛智方證이라하니라 二에 又毘盧下는 以毘盧遮那로 亦爲所證하고 則以如來로 而爲能證이라 本有眞實識知義者는 卽起信生滅相中之文이니 論云호대 若心起見인댄 則有不見之相거니와 以心性離見인댄 卽是遍照法界義故며 若心有動인댄 非眞實識知라하니 意云호대 若無動念인댄 卽眞識知라하니라 旣云卽是遍照인댄 則毘盧遮那가 亦本有矣니라

만약 광명변조로써라고 한 아래는 두 번째는 광명변조를 잡아 해석한 것이다.

자세히 두 가지 뜻이 있나니

첫 번째는 비로자나로써 능증을 삼나니

곧 이것은 닦아 이루는 것이요,

여래장신으로써 본유를 삼나니

이런 까닭으로 맺어 말하기를 범부가 비록 본래[51]부터 있지만 부처님의 지혜라야 바야흐로 증득[52]한다 하였다.

두 번째 또[53] 비로자나라고 한 아래는 비로자나로써 또한 소증을 삼고 곧 여래[54]로써 능증을 삼은 것이다.

본래부터 갖추고 있는 진실식지의 뜻이라고 한 것은 곧 이것은 『기신론』의 생멸상대 가운데 문장이니,

『기신론』에 말하기를 만약 심성이 소견을 일으킨다면 곧 불견不見의 모습이 있거니와 심성이 소견을 떠난다면 곧 이것은 변조법계의 뜻인 까닭이며,

만약 마음이 동요함이 있다면 진실식지가 아니다 하였으니,

그 뜻에 말하기를 만약 동요하는 생각이 없다면 곧 진실로 아는 것(眞實識知)이다 하였다.

이미 말하기를 곧 이것은 변조법계라고 하였다면 곧 비로자나가 또한 본래부터 갖추고 있다[55]는 것이다.

---

51 본本 자는 소문에는 이理 자이다.

52 증證 자는 소문에는 명明 자이다.

53 원문에 우이又二는 이우二又가 옳다 하겠다.

54 여래라고 한 것은 경문 가운데 일체 모든 부처님이라 한 것을 말한다.

55 본유의本有矣란, 진실식지眞實識知를 비로자나가 본래부터 갖추고 있다는 것이다.

疏

顯於依正이 離如來藏하야 無別自體일새 故入此也니라

의보·정보가 여래장을 떠나서 따로 자체가 없음을 나타내기에 그런
까닭으로 이 삼매에 들어간 것이다.

疏

賢首釋云호대 諸佛遍於一切는 卽顯諸佛이 無不周遍法界剎海
와 及彼塵中에 所有諸剎하며 諸剎塵中에 復有諸剎하야 如是重重
으로 不可窮盡이라 言如來藏身者는 明卽此遍剎之身이 包容所
遍法界剎海하야 無不皆在如來身中일새 故名藏身이라 是故融通
에 總有四句하니 一은 身遍剎海요 二는 剎在身中이요 三은 身遍身
內剎이요 四는 剎入遍剎身이라 卽內卽外하야 依正混融하야 無礙
無障이 是此三昧所作일새 故以爲名이요 將說此法일새 故入玆定
이라하나라

현수법사가 해석하여 말하기를 모든 부처님이 일체 국토에 두루한다
고 한 것은 곧 모든 부처님이 법계 국토의 바다와 그리고 저 티끌
가운데 있는 바 모든 국토에 두루하지 아니함이 없으며,
모든 국토의 티끌 가운데도 다시 모든 국토가 있어서 이와 같이
중중으로 가히 다함이 없음을 나타낸 것이다.
여래장신이라고 말한 것은 곧 이것은 국토에 두루한 몸이 두루한

바 법계 국토의 바다를 포용하여 다 여래의 몸 가운데 있지 아니함이
없음을 밝히기에 그런 까닭으로 장신藏身이라 이름한 것이다.

이런 까닭으로 융통함에 모두 사구四句가 있나니

첫 번째는 몸이 국토의 바다에 두루한 것이요

두 번째는 국토가 몸 가운데 있는 것이요

세 번째는 몸이 몸 안의 국토에 두루한 것이요

네 번째는 국토가 국토에 두루한 몸에 들어간 것이다.

안에 즉하고 밖에 즉하여 의보와 정보가 혼용하여 걸림도 없고
막힘도 없는 것이 이것이 이 삼매의 소작이기에 그런 까닭으로
여래장신 삼매라 이름하고,

장차 이 법을 설하고자 하기에 그런 까닭으로 이 삼매[56]에 들어간다
하였다.

鈔

賢首云下는 第三에 敍昔異同이라 意에 以身包刹海하고 塵容法身일
새 得藏身名이라하니 但是下文에 用中一義니라 攝義不周일새 不爲
正釋이나 順經宗意일새 故存而不論이라

현수법사가 해석하여 말하였다고 한 아래는 세 번째 옛날 사람의
해석이 다르고 같음을 서술한[57] 것이다.

---

56 이 삼매라고 한 것은 여래장신 삼매이다.

57 다르고 같음을 서술한 것이라고 한 것은, 이미 작용 가운데 한 가지 뜻을

그 뜻에 몸으로써 국토의 바다를 포용하고 티끌로써 법신을 용납하기에[58] 장신이라는 이름을 얻는다 하였으니,

다만 이 아래 문장에 작용 가운데 한 가지 뜻[59]일 뿐이다.

섭수하는 뜻[60]으로 두루하지 못하기에 정석이 되지는 못하지만[61] 경의 종의宗意를 수순하기에 그런 까닭으로 놓아두고 논설하지는 않는다.

밝힌 까닭으로 같고 자체와 모습 등이 빠진 까닭으로 다르다고 『잡화기』는 말하고 있다.

58 몸으로써 국토의 바다를 포용한다고 한 것은 소문에 국토에 두루한 몸이 두루한 바 법계 국토의 바다를 포용한다고 한 문장을 취한 것이고, 바로 아래 티끌로써 법신을 용납한다고 한 것은 바로 위에 말한 소문의 뜻을 취한 것이니 몸이 이미 국토 바다의 미진에 두루하였다면 미진이 반드시 저 법신을 포용하고 있는 까닭이다. 이상은 다 『잡화기』의 말이다.

59 작용 가운데 한 가지 뜻이라고 한 것은 작용 가운데 수많은 뜻이 있지만, 지금에는 다만 포용包容의 한 가지 뜻만 취하는 까닭이다.

60 섭수하는 뜻이라고 한 것은 현수스님의 뜻이다.

61 정석이 되지는 못한다고 한 것은 여기 비로자나의 장신삼매에는 정석이 되지 못한다는 것이다.

經

普入一切佛平等性하야 能於法界에 示衆影像하며

널리 일체 부처님의 평등한 성품에 들어가 능히 법계에 수많은
영상을 시현하며

疏

三에 普入下는 明體相用이니 此是定相이 無量無邊이나 皆悉依於
如來藏說이라 略擧其要인댄 句有十三이요 門乃有十이니 以後二
門으로 收五句故라 攝爲六對니 後之二門이 各一對故라 文有四
節이나 義唯有三이니 至下當明하리라 言六對者는 初二句는 明體
用一對니 謂無分別智로 證平等性으로 以爲定體하고 影現法界로
爲勝用也니라

세 번째 널리 일체 부처님의 평등한 성품에 들어갔다고 한 아래는
자체와 모습과 작용을 밝힌[62] 것이니

---

62 자체와 모습과 작용을 밝힌다고 한 것은 과목에 뜻을 좇아 오직 세 가지(자체,
모습, 작용)가 있음을 세웠으니, 이 위에는 비록 다만 자체와 작용만 말하였으나
자체가 스스로 모습을 포함하고 있는 것이다.
또 이 자체와 작용 가운데 이미 십문十門에 육대六對를 갖추었다면 곧 제일대의
자체와 작용과는 같지 않나니 가히 자세히 볼 것이다. 역시 『잡화기』의
말이다. 영인본 화엄 3책, p.581, 말행에 뒤에 二門이 각각 일대一對인 까닭으

이 삼매의 모습이 한량도 없고 끝도 없지만 모두 다 여래장에 의지하여 설한 것이다.

간략하게 그 요점만을 거론한다면 구절은 십삼 구절이 있고 문門은 이에 십문이 있나니

뒤에 이문二門으로써 다섯 구절을 거두는[63] 까닭이다.

섭수함에 육대가 되나니 뒤에 이문二門이 각각 일대一對인 까닭이다.

경문은 사절四節[64]이 있지만 뜻은 오직 세 가지[65]가 있을 뿐이니, 아래에 이르러 마땅히 밝히겠다.[66]

육대六對라고 말한 것은 처음에 두 구절은 자체와 작용의 일대를 밝힌 것이니,

말하자면 무분별지로 평등한 자성을 증득함으로써 삼매의 자체를 삼고 영상을 법계에 나타냄으로써 수승한 작용을 삼는 것이다.

로 십문에 오대가 아니고 육대인 것이다.

63 뒤에 이문二門으로써 다섯 구절을 거둔다고 한 것은 의정함용문依正含容門에 두 구절과 성취섭지문成就攝持門에 세 구절이다.

64 사절四節이라고 한 것은 처음에 네 구절과 다음에 네 구절과 다음에 두 구절과 뒤에 세 구절이니 영인본 화엄 3책, p.594, 9행에 있다.

65 세 가지라고 한 것은 자체와 모습과 작용이니 영인본 화엄 3책, p.595, 6행에 있다.

66 아래에 이르러 마땅히 밝히겠다고 한 것은 영인본 화엄 3책, p.594, 9행 이하이다.

疏

謂以因因性으로 證彼因性하야 成彼果性하고 顯果果性이라 如是
佛性은 則具七義니 一은 眞이요 二는 實이요 三은 善이요 四는 常이
요 五는 樂이요 六은 我요 七者는 淸淨이라 生佛之性도 本末不殊어
든 況佛果果가 豈不平等이리요 佛平等性이 卽如來藏이니 是故로
但入如來藏身하면 卽是已入佛平等性이라 此爲第一에 契合佛
性門也니라

말하자면 인因의 인성因性으로써 저 인성을 증득하여 저 과성果性을
이루고 과果의 과성果性을 나타내는 것이다.
이와 같이 불성은 곧 일곱 가지 뜻을 갖추고 있나니
첫 번째는 진眞이요
두 번째는 실實이요
세 번째는 선善이요
네 번째는 상常이요
다섯 번째는 낙樂이요
여섯 번째는 아我요
일곱 번째는 청정(淨)이다.
중생과 부처의 성품도 근본과 지말이 다르지 않거든 하물며 부처님
의 과果·과果가 어찌 평등하지 않겠는가.
부처님의 평등한 성품이 곧 여래장이니
이런 까닭으로 다만 여래장신에 들어가기만 하면 곧 이것이 이미

부처님의 평등한 성품에 들어간 것이다.
이것이 제일[67]에 불성에 계합하는 문이 되는 것이다.

鈔

因因等者는 卽涅槃二十七 師子吼菩薩品云호대 佛性有因하고 有
因因하며 有果하고 有果果하니 因者는 十二因緣이요 因因者는 卽是
智慧니 發心已去요 果者는 卽阿耨多羅三藐三菩提요 果果者는 無
上大涅槃이라하니라 經疏文意에 因因은 卽觀緣之智니 通發心已去
요 因은 卽所證之理요 能證至果면 爲大菩提요 所證至果면 名大涅
槃이니 前二是因이요 後二是果라 而有重因重果言者는 謂十二因緣
은 是正因性이니 雖有此性이나 若無觀智면 不能成果어늘 今由觀智
하야 令彼成果니 卽與因作因일새 故名因因이요 菩提對前하면 已名
爲果요 而大涅槃은 由菩提顯일새 故此涅槃은 卽是菩提果家之果라
故彼經喩云호대 如無明爲因이면 諸行爲果요 行緣識果면 則無明亦
因이며 亦因因이요 識亦果며 亦果果라하니라 擧此無明하야 爲因因은
則在行前이니 行如十二因緣이요 無明如觀智니 則觀智는 在於十二
因緣前이라 而遠公云호대 十二因緣이 近起觀智하고 遠爲涅槃正因
일새 故名爲因이요 方依前因하야 以起觀智니 依因起因일새 故名因
因者는 則因因이 在於十二緣後라하니 理則可矣나 而不順喩의 無明
因因이 在於行前耳니라

---

67 제일第一이라고 한 것은 십문十門의 하나이다.

인의 인이라고 한 등은 곧 『열반경』 사자후보살품에 말하기를 불성
이 인因이 있고 인의 인(因因)이 있으며,

과果가 있고 과의 과(果果)가 있나니

인이라는 것은 십이인연[68]이요

인의 인이라는 것은 곧 이 지혜이니 발심한 이후요

과라는 것은 곧 아뇩다라삼막삼보리요

과의 과라는 것은 무상대열반이다 하였다.

경문과 소문[69]의 뜻에 인의 인은 곧 연緣을 관찰하는 지혜이니 발심이
후에 통하는 것이요

인은 곧 소증의 진리요

능증이 과에 이르면 대보리가 되는 것이요

소증이 과에 이르면 대열반이 되는 것이니

앞에 두 가지는 이 인因이요

뒤에 두 가지는 다 과果이다.

그러나 거듭 인과 거듭 과를 말하고 있는 것은 말하자면 십이인연은
이 정인성正因性이니

---

68 십이인연十二因緣이라고 한 것은 『열반경』에 중도中道이며 제일의제第一義諦
라 하고, 오직 여래만이 안다고 하였다. 연각緣覺이 십이인연을 닦아 깨닫는다
고 한 것과는 다른 차원이다.

69 경經 자를 타본他本에 금今 자라 한 곳도 있으니, 즉 今疏文의 뜻이라는
것이다. 『잡화기』에는 경소라고 한 것은 저 경과 이 소문이고, 혹은 가히
저 경과 저 소라 한다 하였다. 저 경이란 『열반경』이고, 저 소란 『열반경』
소문이다. 이 소문이란 당연히 여기 청량소문이다.

비록 이 성품이 있지만 만약 관찰하는 지혜가 없다면 능히 과덕을
이룰 수가 없거늘, 지금에는 관찰하는 지혜를 인유하여 저로 하여금
과덕을 이루게 하나니 곧 인으로 더불어 인을 짓기에 그런 까닭으로
이름이 인의 인이요

보리는 앞을 대하면 이미 이름이 과가 되는 것이요

대열반은 보리를 인유하여 나타나기에 그런 까닭으로 이 열반은
곧 이 보리과의 집(家)에 과이다.

그런 까닭으로 저 『열반경』에 비유하여 말하기를 마치 무명이 인因이
되면[70] 모든 행行이 과果가 되고, 행行의 인因이 식識의 과果를 반연하
면 곧 무명이 또한 인이며 또한 인의 인이요, 식이 또한 과이며
또한 과의 과라 한 것과 같다 하였다.

이 무명을 거론하여 인의 인을 삼은 것은 곧 행의 앞에 있기 때문이니
행은 십이인연과 같고 무명은 관찰하는 지혜와 같나니 곧 관찰하는
지혜는 십이인연 앞에 있기 때문이다.

그러나 원공 법사가 말하기를[71] 십이인연이 가까이는 관찰하는 지혜
를 일으키고 멀리는 열반의 정인正因이 되기에 그런 까닭으로 이름이
인이 되는 것이요

비로소 앞의 인을 의지하여 관찰하는 지혜를 일으키나니, 인을

---

70 마치 무명이 인이 된다고 한 등은, 위의 법 가운데는 네 가지 법으로써
  네 구절을 성립하고 지금 비유 가운데는 삼성(三性－因性, 果性, 果果性)으로써
  네 구절을 성립하나니, 이 가운데는 그 사실의 증감을 논하지 않고 다만
  네 구절만 취한 것이다. 역시 『잡화기』의 말이다.
71 원공 법사 운운은 혜원慧遠스님의 『열반경』 의기義記 제팔권이다.

의지하여 인을 일으키기에 그런 까닭으로 이름이 인의 인이라고
한 것은 곧 인의 인이 십이인연 뒤에 있기 때문이다 하였으니,
이치는 곧 옳은 듯하지만[72] 비유에 무명의 인의 인이 행의 앞에
있기 때문이라고 함에는 순응하지 않는 것이다.

然上四句之後經中에 復有四句하니 云一은 是因非果니 如佛性이요
二는 是果非因이니 如大涅槃이요 三은 是因是果니 如十二因緣으로
所生之法이요 四는 非因非果니 名爲佛性이라하니 此之四句에 三卽
是前의 二三兩句에 智慧菩提니 皆依十二因緣生故니라 初及第四는
皆前中初一이니 以十二緣이 約相是因이요 若約緣性인댄 卽非因果
니 是中道正性이며 法身理也라 二는 卽第四니 而菩提望前是果요
望後是因일새 故言亦因亦果어니와 涅槃之後엔 更無所顯일새 故唯
是果니라 又第四句는 非前四句하야 總爲四句之體하고 就緣成四하
니 與此爲因은 名爲因性이요 與此爲果는 名爲果性이니 猶如眞如가
出煩惱障은 名爲涅槃이요 出所知障은 名爲菩提라하야 而體無二나
隨出得名하니라 佛性亦爾하야 因等四句가 皆望緣取나 而佛性體는
體絶四句하야 俱非因果니 四句已亡은 思之可見이라

---

72 이치는 곧 옳은 듯하다고 한 아래는 원공遠公이 열반涅槃에 말하고 있는
　 사구四句의 순서를 취한 것을 순응하지 않고, 인인因因이 因前에 있어야
　 한다고 청량스님은 주장하고 있다.
　 이치는 곧 옳은 듯하다고 한 것은,『잡화기』에 말하기를 진리(理)를 의지하여
　 지혜(智)를 일으키는 것이 이것이 차서인 까닭이다 하였다.

그러나 위의 사구[73] 뒤에 『열반경』 가운데 다시 사구가 있나니,

말하자면 첫 번째는 이 인이고 과가 아니니, 불성과 같은 것이요

두 번째는 이 과이고 인이 아니니, 대열반과 같은 것이요

세 번째는 이 인이고 이 과이니, 십이인연으로 생기한 바 법과

같은 것이요

네 번째는 인도 아니고 과도 아니니, 이름이 불성이 되는 것이다

하였으니,

이 사구에 삼구가 곧 이 앞의 이구와 삼구의[74] 두 구절에 지혜와

보리이니[75] 다 십이인연을 의지하여 생기하는 까닭이다.

처음 구절과 그리고 제 네 번째 구절은 다 앞의 구절 가운데 처음에

한 구절이니,

십이인연이 상相을 잡는다면 이것은 인因이요

만약 연성緣性을 잡는다면 곧 인·과가 아니니,

이것은 중도이며 정성正性이며 법신의 진리이다.

두 번째 구절은 곧 앞의 제 네 번째 구절이니

보리는 앞[76]을 바라본다면 이것은 과果이고, 뒤[77]를 바라본다면 이것

---

73 위의 사구란, 인因과 인인因因과 과果와 과과果果이다.

74 앞의 이구와 삼구라고 한 것은 앞의 영인본 화엄 3책, p.582, 10행에 이구二句는
  인인因因이고 삼구三句는 과果이다. 지혜는 제이구 인인이고, 보리는 제삼구
  과이다.

75 지혜와 보리라고 한 등은, 지혜와 더불어 보리가 이미 다 십이인연을 좇아
  생기하였다면 곧 인연을 의지하는 바를 바라여서는 원인이 되고, 인연이
  생기하는 하는 바를 잡아서는 이 과보가 되는 까닭이라고 『잡화기』는 말한다.

76 보리는 제삼구이다. 앞이란, 제일구와 제이구이다.

은 인因이기에 그런 까닭으로 말하기를 또한 인이며 또한 과라 하였거니와, 열반한 뒤에는 다시 나타낼 바가 없기에 그런 까닭으로 오직 이것은 과일 뿐이다.

또 제 네 번째 구절은 앞의 사구四句를 비각非却하여 모두 사구의 자체를 삼고 연緣에 나아가 사구四句를 이루나니
이로 더불어[78] 인이 되는 것은 이름을 인성因性이라 하고
이로 더불어[79] 과가 되는 것은 이름을 과성果性이라 하나니,
비유하자면 진여가 번뇌장을 벗어난 것은 이름을 열반이라 하고 소지장을 벗어난 것은 이름을 보리라 하여 자체가 둘이 없지만 출생함을 따라 이름을 얻는 것과 같은 것이다.
불성도 또한 이와 같아서 인因 등 사구四句가 다 연緣을 바라보고 취한 것이지만 그러나 불성의 자체는 그 자체가 사구를 끊어 함께 인·과가 아니니, 사구가 이미 없어졌다는 것은 생각해 볼 것이다.

若總合上의 二種四句하야 成五佛性인댄 復成四句니 一은 或有佛性은 闡提人有하고 善根人無하니 是前因性之中에 一分之義라 以未成佛時에 善惡無記가 皆名佛性이나 亦取其惡일새 故云一分은 闡提有也라하니라 二는 或有佛性은 善根人有하고 闡提人無하니 即因因性이라 三은 或有佛性은 二人俱有하니 即是因性中에 通十二緣하며 亦

非因非果之性이라 四는 或有佛性은 二人俱無하니 卽彼果性과 及果
果性이라 對前兩重四句는 可以意得이라 十二因緣을 名佛性者는 一
은 當體淨故니 是法身性이요 二는 能知名義하야 成反流故니 名報身
性이며 又前滅後生하야 非斷非常하니 顯中道故니라 故初四句後經
云호대 善男子야 以是義故로 十二因緣이 不生不滅하며 不常不斷하
며 非一非二하며 不來不去하며 非因非果라하니라 又三雜染이 卽三
德故니 翻煩惱雜染하야 以成般若하고 翻業雜染하야 以成解脫하고
翻苦雜染하야 以成法身이니 當相은 卽是性淨三德이요 觀之하면 則
是觀行三德이요 證之하면 則成圓滿三德이라 又初因性은 卽染淨緣
起요 二에 因因性은 卽內熏發心이요 三에 果性은 卽始覺已圓이요
四에 果果性은 卽本覺已顯이라 又初는 隨染隱顯이요 二는 微起淨用
이요 三은 染盡淨圓이요 四는 還源顯實이라 又初與四는 俱是理性이
나 但染淨分二요 二之與三은 俱是行性이나 但因果有殊니라 又初는
染而非淨이요 二는 淨而非染이요 三은 亦淨亦染이요 四는 非染非淨
이라 又初는 自性佛性이요 二는 是引出佛性이요 三四는 皆是至得果
性이라 又初二는 因中理智요 後二는 果中理智니 因果雖異나 理智
不殊하고 理智似分이나 冥契無二라 唯一心轉하야 絶相離言하야 無
不包融일새 故名佛性이니 由此名爲佛性契合門也라하니라

만약 위에 두 가지 사구를 모두 합하여 오불성五佛性[80]을 성립한다면

---

80 오불성五佛性은 정인正因—본성本性, 요인了因—지혜智慧, 연인緣因—육도만
행六度萬行, 과인果因—보리성菩提性, 과과果果—열반涅槃이다.
오불성이라고 한 것은 제일중의 전체 사구와 제사중의 앞에 삼구를 모두

다시 사구를 이루나니

첫 번째는 혹 어떤 불성은 천제인에게만 있고 선근인에게는 없나니,
이것은 앞에 인성因性 가운데 일분一分의 뜻이다.

아직 성불하지 아니한 때에는 선·악·무기가 다 이름이 불성이지만,
또한 그 악만을 취하기에 그런 까닭으로 말하기를 일분은 천제에게
있다 하였다.

두 번째는 혹 어떤 불성은 선근인에게만 있고 천제인에게는 없나니,
곧 인의 인성(因因性)이다.

세 번째는 혹 어떤 불성은 두 사람[81]에게 함께 있나니,
곧 인성因性 가운데 십이인연에 통하며[82] 또한 인도 아니고 과도
아닌[83] 성性이다.

네 번째는 혹 어떤 불성은 두 사람에게 함께 없나니,
곧 저 과성과 그리고 과의 과성(果果)이다.

앞에 상대한 양중兩重 사구四句는 가히 뜻으로써 얻을 것이다.

십이인연을 불성이라고 이름한[84] 것은 첫 번째는 당체가 청정한

포함한다면 사불성四佛性이 되고, 제이중의 제사구를 더하면 오불성五佛性이
되는 것이다. 그러나 제이중의 제사구에 당체를 설출한 것이 두 가지 뜻이
있거늘 지금에는 뒤에 뜻만 취한 까닭이니, 만약 앞에 뜻을 취한다면 모두
다 사불성을 벗어나지 않는다 할 것이다.

81 두 사람이라고 한 것은 천제인闡提人과 선근인善根人이다.

82 십이인연에 통한다고 한 것은 제삼구에 이 인因이며 이 과果라 한 것이다.

83 인도 아니고 과도 아니라고 한 것은 제사구에 인도 아니고 과도 아니라
　 한 것이다. 앞에 영인본 화엄 3책, p.584, 7행을 참고할 것이다.

84 십이인연을 불성이라고 이름한 것은 『열반경』의 말이다.

까닭이니

이것은 법신성이요

두 번째는 능히 이름(名)과 뜻(義)을 알아 반류反流를 이루는 까닭
이니

이름이 보신성이며, 또 전제에 사라졌다가 후제에 생겨나 끊어지지
도 않고 항상하지도 않나니 중도를 나타내는 까닭이다.

그런 까닭으로 처음 사구四句를 설한 뒤의 『열반경』에[85] 말하기를

선남자야, 이런 뜻 때문에 십이인연이 생겨나지도 않고 사라지지도
않으며,

항상하지도 않고 끊어지지도 않으며,

하나도 아니고 둘도 아니며,

오는 것도 아니고 가는 것도 아니며,

인도 아니고 과도 아니다 하였다.

또 삼잡염三雜染이[86] 곧 삼덕인 까닭이니 번뇌의 잡염을 번복하여
반야를 이루고, 업의 잡염을 번복하여 해탈을 이루고, 고의 잡염을
번복하여 법신을 이루나니

당상은 곧 이 성정[87]삼덕이요,

---

85 처음 사구四句를 설한 뒤의 『열반경』이라고 한 것은 앞에 영인본 화엄 3책,
  p.582, 9행에 말한 사구四句를 설한 뒤의 『열반경』이다.

86 또 삼잡염三雜染이라고 한 등은 십이인연을 묶는다면 삼잡염을 벗어나지
  않는 까닭이라고 『잡화기』는 말한다.

87 성정性淨 운운은 성정性淨은 범부이고, 관행觀行은 보살이고, 원만圓滿은 부처
  이다.

그것을 관찰하면 곧 이 관행삼덕이요,

그것을 증득하면 곧 원만삼덕을 이루는 것이다.

또 처음에 인성은 곧 염·정의 연기요[88]

두 번째 인의 인성은 안으로 훈습하여 발심하는 것이요

세 번째 과성은 곧 시각이 이미 원만한 것이요

네 번째 과의 과성은 곧 본각이 이미 나타난 것이다.

또 처음에는 염染을 따라 숨기도 하고 나타나기도 하는 것이요

두 번째는 미세하게 정淨의 작용을 일으키는 것이요

세 번째는 염이 다함에 정이 원만해지는 것이요

네 번째는 근원에 돌아가 진실을 나타내는 것이다.

또 처음과 더불어 네 번째는 함께 이 이성理性이지만 다만 염과 정을 둘로 나누었을 뿐이요

두 번째와 더불어 세 번째는 함께 이 행성行性이지만 다만 인과 과가 다름이 있을 뿐이다.

또 처음에는 염이고 정이 아니요

두 번째는 정이고 염이 아니요

세 번째는 또한 정이며 또한 염이요

네 번째는 염도 아니고 정도 아니다.

또 처음에는 자성불성自性佛性[89]이요

---

88 처음에 인성은 곧 염·정의 연기라고 한 것은 생기함을 잡는다면 곧 염연기染緣起가 되고, 닦아 이루는 것을 잡는다면 곧 정연기淨緣起가 되는 것이다. 역시 『잡화기』의 말이다.

89 자성불성自性佛性 등 삼불성은 운허불교사전, p.404를 참고할 것이다.

두 번째는 인출불성引出佛性이요

세 번째와 네 번째는 다 지득과불성至得果佛性이다.

또 처음에 두 구절은 인因 가운데 이지理智요

뒤에 두 구절은 과果 가운데 이지理智이니

인과가 비록 다르지만 이理·지智는 다르지 않고, 이·지는 나누어진 것 같지만 그윽이 계합하여 둘이 없는 것이다.

오직 한 마음으로 전하여 모습을 끊고 말을 떠나 포용하여 융합하지 아니함이 없기에 그런 까닭으로 불성이라 이름하나니

이것을 인유하여 이름을 불성에 계합하는 문이라 한 것이다.

如是佛性下는 卽涅槃三十五經云호대 善男子야 如來十力과 四無所畏와 乃至如是等法이 是佛佛性이라 如是佛性은 則有七事니 一은 常이요 二는 樂이요 三은 我요 四는 淨이요 五는 眞이요 六은 實이요 七은 善이라하니 今但義引일새 故小不次니라 澤州云호대 (四)不遷名常이요 (六)自在名我요 (五)安隱名樂이요 (七)無漏名淨이요 (一)離妄是眞이요 (二)不空顯實이요 (三)體順成善이라하니라 後에 明菩薩性이 有六種호대 於前七中에 略無我樂하고 加一少分見하니 以其未得八自在我일새 故無我德하고 未得大涅槃일새 無眞實樂德하고 未見自身佛性일새 故加少分見하니라 生佛之性下는 釋平等義라 言佛平等性이 卽如來藏下는 會別歸總이라 此爲第一下는 結十門之一이라

이와 같이 불성이라고 한 아래는 곧 『열반경』 삼십오경[90]에 말하기를 선남자야, 여래의 십력과 사무소외와 내지 이와 같은 등의 법이

이 부처님의 불성이다.

이와 같은 불성은 곧 일곱 가지 사실이 있나니

첫 번째는 상이요

두 번째는 낙이요

세 번째는 아요

네 번째는 정이요

다섯 번째는 진이요

여섯 번째는 실이요

일곱 번째는 선이다 하였으니,

지금에는 다만 뜻으로만 인용하였기에 그런 까닭으로 조금 차례가 같지 아니할 뿐이다.

택주법사가 말하기를 (四)옮겨 가지 않는 것이 이름이 상이요,

(六)자재한 것이 이름이 아요,

(五)안은한 것이 이름이 낙이요,

(七)무루가 이름이 정이요,

(一)망념을 떠난 것이 이 진이요,

(二)헛되지 않는 것이 실을 나타내는 것이요,

(三)자체에 수순하는 것이 선을 이루는 것이다 하였다.

뒤에 보살성菩薩性이 여섯 가지가 있다고 밝혔으나, 앞에 불성의 일곱 가지 가운데 아我와 낙樂이 생략되어 없고 하나의 소분견少分見[91]

---

90 『열반경』 삼십오경은 남장경으로는 삼십삼경이다.

91 소분견少分見이라고 한 것은 소분으로 본다. 조금 본다는 뜻이다.

을 더하였으니,

그것은 아직 여덟 가지 자재아[92]를 얻지 못하였기에 그런 까닭으로 아我의 덕이 없고,

아직 대열반을 얻지 못하였기에 진실한 낙의 덕이 없고,

아직 자신의 불성을 보지 못하였기에[93] 그런 까닭으로 하나의 소분견을 더한 것이다.

중생과 부처의 성품이라고 한 아래는 평등한 뜻을 해석한 것이다.

부처님의 평등한 성품이 곧 여래장이라고 말한 아래는 별석을 회통하여 총석에 귀결한 것이다.

이것이 제일이라고 한 아래는 십문에 한 문을 맺는 것이다.

疏

言勝用者는 卽示衆影像門이니 謂能現能生身土智影也니라

---

92 여덟 가지 자재아라고 한 것은 一은 능시일신위다신能示一身爲多身이고, 二는 시일진신만대천계示一塵身滿大千界이고, 三은 대신경거원도大身經擧遠到이고, 四는 현무량수상거일토現無量數常居一土이고, 五는 제근호용諸根互用이고, 六은 득일체법여무량상得一切法如無量想이고, 七은 설일게의경무량겁說一偈義經無量劫이고, 八은 신변제처유여허공身徧諸處猶如虛空이다. 『열반경』 삼십삼권에 있다.

93 원문에 미견未見이라 한 미未 자를 분分 자로 보아야 한다는 주장이 있다. 그래야 소분견少分見이라는 말이 성립된다고. 그러나 소분견은 오히려 보지 못했다는 의미가 있기에 미견未見이라 해도 잘못은 없다. 『잡화기』는 미견未見이란 오히려 원만하게 보지 못한 것을 말하는 것이다 하였다.

수승한 작용이라고 말한 것은 중생에게 영상을 시현하는 문이니
말하자면 몸과 국토와 지혜의 그림자[94]를 능히 나타내고 능히 출생하
는 것이다.

鈔

言勝用下는 卽釋經의 能於法界에 示衆影像이니 是第二門이라 謂能
現能生者는 卽唯識論에 釋大圓鏡智之文이니 謂三身三土와 三智
之影이 皆是鏡智之所現故니라 如前已引하니라

수승한 작용이라고 말한 아래는 곧 경에 능히 법계에 수많은 영상을
시현한다고 한 것을 해석한 것이니
이것은 제이문이다.
말하자면 능히 나타내고 능히 출생한다고 한 것은 곧 『유식론』에
대원경지를 해석한 문장이니,
말하자면 삼신三身과 삼토三土와 삼지三智의 영상이 모두 다 이 대원
경지의 시현한 바인 까닭이다.
앞에서 이미 인용한 것과 같다.[95]

---

94 몸(身)은 중생세간衆生世間이고, 국토(土)는 기세간器世間이고, 지혜(智)는 지정
   각세간智正覺世間이다.
95 앞에서 이미 인용한 것과 같다고 한 것은 제일경第一經이니 앞의 초문에
   이미 인용하였다.

經

廣大無礙하야 **同於虛空**하며 **法界海漩**에 **靡不隨入**하며

넓고 크고 걸림이 없어서 허공과 같으며
법계의 바다에 도는 물결에 따라 들어가지 아니함이 없으며

疏

次二는 深廣一對니 廣者無邊이니 不在內外故요 大者無上이니
究竟實際故라 無礙者는 無所障故라 同於虛空은 成上三義니 通
爲廣大無礙門이요 後句는 卽入法海漩澓門이니 漩卽深也니라

다음에 두 구절은 깊음과 넓음의 일대一對니
넓다는 것은 끝이 없다는 것이니
안과 밖이 있지 않는 까닭이요
크다는 것은 더 이상 없다는 것이니
구경의 실제인 까닭이다.
걸림이 없다는 것은 장애하는 바가 없는 까닭이다.
허공과 같다는 것은 위에 세 가지 뜻[96]을 성립하는 것이니
모두 넓고 크고 걸림이 없는 문이 되는 것이요,
뒤에 구절은 법계의 바다에 도는 물결에 들어가는 문이니
선漩이라는 것은 곧 깊어서 돈다는 것이다.

---

96 위에 세 가지 뜻이라고 한 것은 廣, 大, 無碍이다.

經

出生一切諸三昧法하며 普能包納十方法界하며

일체 모든 삼매의 법을 출생하며
널리 능히 시방의 법계를 포함하여 용납하며

疏

三有二句는 出納一對니 初는 出生三昧門이니 謂若自相과 若共
相等의 一切三昧가 皆從此生이니 此爲諸定本故라 後는 攝受法
界門이니 終歸此故며 法界體性故라

세 번째 두 구절이 있는 것은 출생과 용납의 일대니
처음에 구절은 삼매를 출생하는 문이니,
말하자면 이에 자상自相과 공상共相 등의 일체 삼매가 다 이로 좇아
출생하나니[97] 이것은 모든 삼매의 근본이 되는 까닭이다.
뒤에 구절은 법계를 섭수하는 문이니,
마침내 여기에 돌아가는 까닭이며 법계 자체의 성품인 까닭이다.

鈔

謂若自相等者는 謂觀色等六塵하야 入正定者는 名爲自相이요 若觀

---

[97] 이로 좇아 출생한다고 한 것은 곧 여래장신 삼매로 좇아 출생한다는 것이다.

無常空等하야 入定인댄 則名共相이라 並皆不離如來藏性이니 性卽
眞如라 故로 起信論云호대 眞如三昧는 是諸三昧根本이라하니라 上
釋出生一切諸三昧法이요 後攝受下는 卽釋普能包納十方法界니
終歸此者는 約事法界요 法界體性은 約理法界라

말하자면 이에 자상과 공상 등이라고 한 것은 말하자면 색色 등
육진을 관찰하여 바른 삼매에 들어가는 것은 이름이 자상이 되는
것이요
만약 무상과 공 등을 관찰하여 삼매에 들어간다면 곧 이름이 공상이
되는 것이다.
아울러 다 여래장의 자성을 떠나지 않나니 자성은 곧 진여이다.
그런 까닭으로 『기신론』에 말하기를 진여삼매는 이 모든 삼매의
근본이라 하였다.
이상은 일체 모든 삼매의 법을 출생한다고 한 것을 해석한 것이요
뒤에 구절은 법계를 섭수하는 문이라고 한 아래는 곧 널리 능히
시방의 법계를 포함하여 용납한다고 한 것을 해석한 것이니
마침내 여기에 돌아간다고 한 것은 사법계를 잡은 것이요
법계 자체의 성품이라고 한 것은 이법계를 잡은 것이다.

經

三世諸佛의 智光明海가 皆從此生하며 十方所有의 諸安立海를
悉能示現하며

삼세에 모든 부처님의 지혜광명의 바다가 다 이로 좇아 출생하며
시방에 있는 바 모든 안립安立된 바다를 다 능히 시현하며

疏

四有二句는 境智一對니 初句는 能成佛智門이니 謂不體此理하면
非佛智故요 後는 示現諸境門이라 然安立言이 總有三種하니 一者
는 世界니 安立依報요 二者는 聖敎니 安立妙義요 三者는 觀智니
安立諦相이라 皆法界藏이 顯示現前이라

네 번째 두 구절이 있는 것은 경계와 지혜의 일대이니
처음에 구절은 능히 부처님의 지혜를 이루는 문이니
말하자면 이 진리를 체달하지 못하면 부처님의 지혜가 아닌 까닭
이요
뒤에 구절[98]은 모든 경계를 시현하는 문이다.
그러나 안립이라는 말이 모두 세 가지가 있나니
첫 번째는 세계이니

---

[98] 초문에는 후後 자 아래 구句 자가 있다.

의보를 안립한 것이요
두 번째는 성인의 가르침이니
묘한 뜻을 안립한 것이요
세 번째는 관찰하는 지혜이니
진리의 모습을 안립한 것이다.
다 법계의 창고가 앞에 나타남을 현시한 것이다.

鈔

四有二句는 初句는 卽三世諸佛의 智光明海가 皆從此生이라 謂不體
此理下는 體謂體達이라 若能證入藏身之性하면 卽名佛智니 正用起
信의 始覺同本을 名究竟覺이라 故로 生公이 立體理成照義云호대
理는 不待照而自了나 智는 必資理而成照니 故知理無廢興이나 弘之
由人이요 智雖人用이나 不在人出矣니라 故人有照分이나 功由理發
이니 失理則失照니라 故要見此理하야사 方成佛耳라하니라 後句는 示
現諸境門者는 釋經十方所有의 諸安立海를 悉能示現이라 上攝受
法界에 卽言終歸此故라하고 今此卽言此能現者는 文影略耳라 皆自
此生하며 皆歸此故라하리니 如萬物이 依地而生하며 終歸於地니라

네 번째 두 구절이 있다고 한 것은 처음에 구절은 곧 삼세에 모든
부처님의 지혜 광명의 바다가 다 이로 좇아 출생한다 한 것이다.
말하자면 이 진리를 체달하지 못하면이라고 한 아래는 체體라는
것은 체달을 말한 것이다.

만약 능히 여래장신의 자성에 증득하여 들어가면 곧 부처님의 지혜라 이름하나니,

바로 『기신론』에 시각이 본각과 같음을 구경각이라 이름한 것을 인용한 것이다.

그런 까닭으로 도생법사가 진리를 체달하여 비춤을 이루는 뜻을 성립하여 말하기를 진리(理)는 비춤(照)을 기다리지 않고 스스로 알지만 지혜는 반드시 진리를 도와 비춤을 이루나니,

그런 까닭으로 진리는 폐廢하고 흥興함이 없지만 그것을 홍포하는 것은 사람을 인유하고,

지혜는 비록 사람이 사용하지만 사람이 출생함에 있지 아니한 줄 알아야 할 것이다.

그런 까닭으로 사람이 비출 분分이 있지만 공功은 진리를 인유하여 발생하나니,

진리를 잊음에 곧 비춤을 잊게 되는 것이다.

그런 까닭으로 중요한 것은 이 진리를 보아야 바야흐로 부처를 이루는 것이다 하였다.

뒤에 구절은 모든 경계를 시현하는 문이라고[99] 한 것은 경에 시방에 있는 바 모든 안립된 바다를 다 능히 시현한다고 한 것을 해석한 것이다.

---

[99] 후구後句라 한 구句 자는 소문에는 없다. 시현示現이라는 말 아래 제경문諸境門이라는 말이 있는 것이 좋다.

위에 법계를 섭수하는 문에서는 곧 마침내 여기에 돌아가는 까닭이라고 말하고, 지금 여기에서는 곧 이것[100]이 능히 시현한다고 말한 것은 문장이 그윽이 생략되었을 뿐이다.

다 이로부터 출생하며 다 여기에 돌아가는 까닭이라 해야 할 것이니, 마치 만물이[101] 땅을 의지하여 출생하며 마침내 땅에 돌아가는 것과 같다.

---

100 이것이라고 한 것은 여래장신 삼매이다.
101 지만물知萬物이라 한 지知 자는 여如 자의 잘못이다.

經

含藏一切佛力解脫과 諸菩薩智하며 能令一切 國土微塵으로 普
能容受無邊法界케하며

일체 부처님의 힘과 해탈과 모든 보살의 지혜를 포함하여 감추고
있으며,
능히 일체 국토에 작은 티끌로 하여금 널리 능히 끝없는 법계를
수용케 하며

疏

五有二句는 卽依正含容門이니 爲內外含容對라 謂內含因果智
力하고 外令塵容法界니 由塵全依法界藏現하야 同眞性故니라

다섯 번째 두 구절이 있는 것은 곧 의보와 정보를 포함하여 수용하는
문이니
앞과 밖으로 포함하여 수용하는 일대가 되는 것이다.
말하자면 안으로는 인과의 지혜와 힘을 포함하고 밖으로는 작은
티끌로 하여금 법계를 수용케 하는 것이니,
작은 티끌이 온전히 법계장을 의지하여 나타남을 인유하여 진성과
같은 까닭이다.

鈔

五有二句는 即依正含容門者는 二句가 共成一門이니 一門이 便成一
對라 內含因果智力은 釋經含藏一切佛力解脫과 諸菩薩智요 外令
塵下는 釋經能令一切國土微塵으로 普能容受無邊法界라 釋云호대
由塵全依法界藏現은 即是事塵이 頓現萬境故요 言同眞性者는 約
理法界라

다섯 번째 두 구절이 있는 것은 곧 의보와 정보를 포함하여 수용하는
문이라고 한 것은 두 구절이 함께 한 문을 이루는 것이니,
한 문이 곧 일대一對를 이루는 것이다.

안으로 인과의 지혜와 힘을 포함한다고 한 것은 경에 일체 부처님의
힘과 해탈과 모든 보살의 지혜를 포함하여 감추고 있다고 한 것을
해석한 것이요,
밖으로 작은 티끌로 하여금 법계를 수용케 한다고 한 아래는 경에
능히 일체 국토에 작은 티끌로 하여금 널리[102] 능히 끝없는 법계를
수용케 한다고 한 것을 해석한 것이다.

해석하여 말하기를 작은 티끌이 온전히 법계장을 의지하여 나타남을
인유한다고 한 것은, 곧 이것은[103] 사법계의 티끌이 문득 만 가지

---

102 실悉 자는 경문에 보普 자라 고친다.
103 곧 이것은이라고 한 등은, 처음에는 곧 미진이 이미 법계장을 의지하여

경계를 변현하는 까닭이요

진성과 같다고 말한 것은 이법계를 잡은 것이다.

나타났다고 하였다면 곧 나타날 바 사법계의 미진이 능히 나타나는 이장理藏과 같은 까닭으로 한 미진이 능히 끝없는 법계를 수용하는 것이니 만 가지경계가 곧 끝없는 법계인 것이요, 뒤에는 곧 미진의 모습을 잡지 않고바로 미진의 자성을 잡은 것이니, 곧 미진과 더불어 끝없는 법계가 동일한진성인 까닭으로 한 미진이 능히 끝없는 법계를 수용하는 것이니 이법계라는글자가 이 끝없는 법계라는 말이 아니다. 처음에는 사법계로써 미진을원인한 까닭으로 바로 사법계의 미진(티끌)이라 말하고, 뒤에는 곧 이법계로써 미진을 원인한 까닭으로 미진이라 말하지 않고 법계라 말한 것이다.역시 『잡화기』의 말이다.

經

成就一切 佛功德海하며 顯示如來諸大願海하며 一切諸佛의 所
有法輪을 流通護持하야 使無斷絶케하며

일체 부처님의 공덕의 바다를 성취하며,
여래의 모든 큰 서원의 바다를 현시하며,
일체 모든 부처님이 소유하신 법륜을 유통하고 보호해 가져 하여금
끊어짐이 없게 하며

疏

六有三句는 卽成就攝持門이니 爲成持人法對라 謂初成果人의
功德大願하고 後持法輪하야 令不斷絶이니 由斯玄理하야 法眼常
全故니라

여섯 번째 세 구절이 있는 것은 곧 성취하고 섭수하여 가지는 문이니
부처님(人)과 법을 성취하고 섭수하여 가지는 일대가 되는 것이다.
말하자면 처음에는 과인(佛)의 공덕과 큰 서원을 성취하고,
뒤에는 법륜을 가져 하여금 끊어지지 않게 하는 것이니
이 현묘한 진리를 인유하여 법안이 항상 온전한 까닭이다.

鈔

六有三句는 三句成一門이니 一門分二하야 便成一對라 前二句는 成人이니 卽經云호대 成就一切佛功德海하며 顯示如來諸大願海라할새 是故疏云호대 初成果人의 功德大願이라하니 卽二句也라 後持法輪은 卽是持法이니 釋經一切諸佛의 所有法輪을 流通護持하야 使無斷絶이라 由斯玄理下는 法眼常全無缺減이니 卽第十四經이라 由眞理湛然일새 故悟亦冥符하며 理旣無虧일새 法眼常全矣니라

여섯 번째 세 구절이 있다고 한 것은 세 구절이 한 문을 이루는 것이니

한 문을 두 가지로 나누어[104] 곧 일대를 이루는 것이다.

앞에 두 구절은 부처님(人)의 공덕과 서원을 성취하는 것이니, 곧 경에 말하기를 일체 부처님의 공덕의 바다[105]를 성취하며 여래의

---

104 두 가지로 나눈다고 한 것은 앞에 두 구절과 뒤에 두 구절이다. 두 가지로 나눈다고 한 아래에 편성便成이라는 두 글자가 있는 것이 좋기에 넣어서 해석하였다. 타본에는 두 가지로 나눈다고 한 그 이二 자를 처음에 한 구절과 제 두 번째 구절로 본 곳이 있으나 맞지 않다. 왜인가. 삼구三句를 일문一門으로, 그 일문一門을 두 가지로 나눈 것이기에 앞에 두 구절과 뒤에 두 구절이 맞다. 『잡화기』에는 두 가지로 나눈다고 한 아래에 위爲 자가 빠졌다 하였으니 편성便成이라는 글자가 있으나 위爲 자라는 글자가 있으나 그 뜻은 같다 하겠다.

105 공덕의 바다라고 한 아래에 이二 자는 없는 것이 좋다. 그 뜻은 경의 인용구引用句이기에 그렇다.

모든 큰 서원의 바다를 현시한다 하였기에, 이런 까닭으로 소문에 말하기를 처음에는 과인의 공덕과 큰 서원을 성취한다 하였으니 곧 두 구절이다.

뒤에는 법륜을 가진다고 한 것은 곧 이것은 법륜을 가지는 것이니, 경에 일체 모든 부처님이 소유한 법륜을 유통하고 보호해 가져 하여금 끊어짐이 없게 한다고 한 것을 해석한 것이다.

이 현묘한 진리를 인유하였다고 한 아래는 법안이 항상 온전하여 이지러지거나 모자람이 없는 것이니 곧 제십사경이다.

진리가 담연함을 인유하기에 그런 까닭으로 깨달음도 또한 그윽이 부합하며 진리가 이미 이지러짐이 없기에 법안法眼도 항상 온전한 것이다.

疏

上言四節者에 初四句는 明無幽不入이니 釋上毘盧遮那遍照之義요 次四句는 無德不生이니 釋上一切諸佛之義요 次二句는 內外含容이니 釋上藏義요 後三句는 成德持法이니 釋上身義라

위에서 말한 사절에 처음에 네 구절은 깊이 들어가지 아니함이 없음을 밝힌 것이니,

위에[106] 비로자나 광명변조의 뜻을 해석한 것이요

---

106 위에라고 한 것은 영인본 화엄 3책, p.573, 6행이다.

다음에 네 구절은 공덕마다 출생하지 아니함이 없는 것이니,
위에 일체 모든 부처님의 뜻을 해석한 것이요
다음에 두 구절은 안과 밖으로 포함하여 수용하는 것이니,
위에 장藏[107]의 뜻을 해석한 것이요
뒤에 세 구절은 공덕을 성취하고 법륜을 가지는 것이니,
위에 신身[108]의 뜻을 해석한 것이다.

鈔

上言四節下는 第三에 結示稱讚이니 言次四句者는 卽出生一切下요
言次二句者는 卽含藏下요 言後三句者는 卽成就一切下요 四節三
義는 皆是結示요 此三圓融은 稱讚也라

위에서 말한 사절이라고 한 아래는 제 세 번째 결속하여 보이고
칭찬한 것이니
다음에 네 구절이라고 말한 것은 곧 일체 삼매를 출생한다고 한
이하의 문장이요
다음에[109] 두 구절이라고 말한 것은 곧 일체 부처님의 힘과 해탈과
모든 보살의 지혜를 포함하여 감추고 있다고 한 이하의 문장이요

---

107 장藏이란, 여래장의 장藏이다.
108 신身이란, 여래장의 신身이다.
109 원문의 언이言二라 한 언言 자 아래에 차次 자가 있어야 하기에 보증하여
   해석하였다.

뒤에 세 구절이라고 말한 것은 곧 일체 부처님의 공덕의 바다를
성취한다고 한 이하의 문장이다.

사절四節에[110] 세 가지 뜻(三義)[111]은 다 이 결속하여 보인 것이요
이 세 가지 뜻이 원융한 것은 칭찬이다.

疏

言義唯有三者는 入平等性은 是定體也요 廣大同空은 是定相也
요 餘皆定用이니 此三圓融하야 總爲無礙普賢三昧니라

그 뜻은 오직 세 가지가 있을 뿐이라고[112] 말한 것은 일체 부처님의
평등한 성품에[113] 널리 들어간다고 한 것은 이것은 삼매의 자체(體)요
넓고 크고 걸림이 없어서 허공과 같다고[114] 한 것은 이것은 삼매의

---

110 원문에 삼의 개시(三義皆是) 등 열세 글자는 마땅히 세 줄 뒤에 보현삼매라고
   한 소문 아래에 있어야 하고, 삼의라 한 말 위에 사절四節이라는 말이 빠졌다.
   『잡화기』의 뜻도 이와 같다.

111 세 가지 뜻(三義)이라고 한 것은 앞의 소문에 문장에 삼절三節이 있나니
   그 뜻은 오직 세 가지가 있을 뿐이라고 한 것이니 영인본 화엄 3책, p.582,
   1행을 참고할 것이다.

112 그 뜻은 오직 세 가지가 있을 뿐이라고 한 것은 영인본 화엄 3책, p.582,
   1행에서 그 뜻은 오직 세 가지가 있을 뿐이니 아래에 이르러 마땅히 밝히겠다
   한 것이 이것이다.

113 원문에 입평등성入平等性은 앞에 보입일체불평등성普入一切佛平等性이라 한
   경문이다.

114 원문에 광대동공廣大同空은 앞에 광대무애廣大無碍하야 동어허공同於虛空이

모습(相)이요

나머지[115]는 다 삼매의 작용(用)이니,

이 세 가지가 원융하여 모두 걸림 없는 보현삼매가 되는 것이다.

라 한 경문이다.

115 나머지라고 한 것은 영인본 화엄 3책, p.590, 2행에 출생일체제삼매법出生一切
    諸三昧法이라 한 이하 경문이다.

經

如此世界中에 普賢菩薩이 於世尊前에 入此三昧하야

이와 같은 세계 가운데 보현보살이 세존 앞에서 이 삼매에 들어가는 것과 같아서

疏

二에 如此下는 類通十方과 及諸塵道이라 於中有二하니 初는 擧此라

두 번째 이와 같다고 한 아래는 시방세계와 그리고 모든 미진의 도를 비류하여 통석한 것이다.
그 가운데 두 가지가 있나니
처음에는 이 세계를 거론한 것이다.

經

如是盡法界와 虛空界와 十方三世와 微細無礙와 廣大光明과
佛眼所見과 佛力能到와 佛身所現 一切國土와

이와 같이 모든 법계와 허공계와 시방과 삼세와 미세한 곳과 걸림이
없는 곳과 광대한 곳과 광명의 처소와 부처님의 눈으로 보는 바
처소와 부처님의 신통력으로 능히 이르는 처소와 부처님의 몸
가운데 나타내는 바 일체 국토와

疏

後에 如是下는 類彼라 於中二니 初는 明平遍法界요 後는 明重疊
無盡이라 前中十一句니 初一은 總明이니 謂盡窮法界라 後十은
別指以彰曲盡이니 一은 盡虛空界요 二는 於空中에 盡十方處요
三은 於十方中에 遍三世時요 四는 於三世中에 微細物處니 謂毛
端等이요 五는 凡諸小隙에 無礙之處요 六은 或廣大한 百千由旬
等處요 七은 人天日月光明等處요 八은 盡佛眼見處요 九는 盡神
力到處요 十은 佛身能現之處라 此第十句에 有二義하니 一者는
結上이니 國土之言이 通十一段이요 二者는 成下니 以是身內之刹
이 爲微細故라

뒤에 이와 같이라고 한 아래는 저 세계를 비류한 것이다.
그 가운데 두 가지가 있나니

처음에는 평등하게 법계에 두루함을 밝힌 것이요

뒤에는 중첩으로 끝이 없음을 밝힌 것이다.

앞의 가운데 열한 구절이 있나니

처음에 한 구절은 한꺼번에 밝힌 것이니

말하자면 법계 끝까지 다한다는 것이다.

뒤에 열 구절은 따로 지시하여 자세하게 그 다함을 밝힌 것이니

첫 번째는 모든 허공계요

두 번째는 허공 가운데 모든 시방의 처소요

세 번째는 시방 가운데 두루한 삼세의 시간이요

네 번째는 삼세 가운데 미세한 사물의 처소이니 말하자면 털끝 등이요

다섯 번째는 무릇 모든 작은 틈에도 걸림이 없는 처소요

여섯 번째는 혹은 광대한 백천 유순 등의 처소요

일곱 번째는 인간과 천상에 해와 달의 광명 등의 처소요

여덟 번째는 모든 부처님의 눈으로 보는 처소요

아홉 번째는 모든 신통력으로 이르는 처소요

열 번째는 부처님의 몸으로 능히 나타내는 처소이다.

이 제 열 번째 구절에[116] 두 가지 뜻이 있나니

---

116 제 열 번째 구절이라고 한 등은, 그러나 이 위를 맺는 것을 잡아 말한다면 다만 아래 네 글자(일체국토一切國土)만 취하여 말한 것이고, 아래를 성립하는 것을 잡아 말한다면 바야흐로 전체 한 구절(불신소현일체국토佛身所現一切國土)을 취하여 말한 것이다. 다『잡화기』의 말이다.

첫 번째는 이 위를 맺는 것이니

국토라는 말이 위에 십일단을 통석한 것이요

두 번째는 아래를 성립하는 것이니

이 몸 안에 국토가 미세함이 되는 까닭이다.

鈔

此第十句에 有二義者는 昔人은 唯有後義니 則是佛身中塵에 有諸佛刹이라하야 遂令普賢으로 不遍如來身外之刹也니라

이 제 열 번째 구절에 두 가지 뜻이 있다고 한 것은 옛날 사람은[117] 오직 뒤에 뜻만 두었나니,

곧 이 부처님의 몸 가운데 작은 티끌에 모든 부처님의 국토가 있다 하여 드디어 보현으로 하여금[118] 여래의 몸 밖의 국토에 두루하지

---

117 옛날 사람이라고 한 등은, 대개 그 위를 맺는다(제십구 가운데 첫 번째)고 한 것은 곧 일체국토라는 네 글자가 위에 십일단을 모두 맺는 것이고, 아래를 성립한다(제십구 가운데 두 번째)고 한 것은 곧 이미 아래를 성립한 까닭으로 그 일체국토라는 네 글자가 다만 당구當句인 불신소현에 속하고 법계(제일구) 등 십단에는 통하지 않는 까닭이라고 『잡화기』는 말한다.

118 드디어 보현으로 하여금이라고 한 등은 다만 아래(영인본 화엄 3책, p.597, 9행 과목) 중첩으로 두루한 가운데만 가리켜 말한 것이니, 만약 위에 평등하게 법계에 두루한다(영인본 화엄 3책, p.596, 4행)고 한 것이라면 설사 뒤에 뜻(二에 성하成下이다)을 쓸지라도 그 앞에 십단이 다 부처님의 몸 밖에 국토인 까닭이다. 그러나 이와 같은 등은 다만 문장이 같지 않는 것만 잡은 것이니, 만약 국토의 자체를 의거한다면 부처님 몸 안의 국토 밖에 어찌 다시 따로

않게 하는 것이다.

___

몸 밖에 국토가 있으며, 부처님 몸 밖의 국토 밖에 또 어찌 따로 몸 안의
국토가 있겠는가. 역시 『잡화기』의 말이다.

經

及此國土에 所有微塵인 一一塵中에 有世界海의 微塵數佛刹하
며 一一刹中에 有世界海의 微塵數諸佛하며 一一佛前에 有世界
海의 微塵數普賢菩薩하야 皆亦入此 一切諸佛의 毘盧遮那如來
藏身三昧니라

그리고 이 국토에 있는 바 작은 티끌인 낱낱 티끌 가운데 세계의
바다에 작은 티끌 수만치 많은 부처님의 국토가 있으며
낱낱 국토 가운데 세계의 바다에 작은 티끌 수만치 많은 모든
부처님이 있으며
낱낱 부처님 앞에 세계의 바다에 작은 티끌 수만치 많은 보현보살이
있어서 다 또한 이 일체 모든 부처님의 비로자나 여래장신 삼매에
들어갔습니다.

疏

二에 及此下는 重疊遍이라 於中에 略有四重하니 一은 盡法界塵이
라 言及此國土者는 指前十處之國也라 二는 塵中多刹이요 三은
刹中多佛이요 四는 一一佛前에 有多普賢이라

두 번째 그리고 이 국토라고 한 아래는 중첩으로 두루한[119] 것이다.

---

119 중첩으로 두루한다고 한 것은 앞에 중첩으로 끝이 없다 한 것이다.

그 가운데 간략하게 사중四重이 있나니
첫 번째는 모든 법계에 작은 티끌이다.
그리고 이 국토라고 말한 것은 앞에 열 곳(十處)의 국토를 가리킨
것이다.
두 번째는 작은 티끌 가운데 많은 국토가 있는 것이요
세 번째는 국토 가운데 많은 부처님이 계시는 것이요
네 번째는 낱낱 부처님 앞에 많은 보현보살이 있는 것이다.

鈔

及此國者는 指前十處之國者는 卽前第十句中에 初義니 謂及盡法
界國土中과 盡虛空國土와 盡三世國土等이라 其第二義身中國土
는 以文近故로 疏中不指니라

그리고 이 국토라고 말한 것은 앞에 열 곳의 국토를 가리킨 것이라고
한 것은 곧 앞의 제 열 번째 구절 가운데 처음에 뜻이니,
말하자면 그리고 모든 법계의 국토 가운데와 모든 허공계의 국토와
모든 삼세의 국토 등이다.
그 제 두 번째[120] 뜻에 몸 가운데 국토는 문장이 천근한[121] 까닭으로
소문에서는 가리키지 아니하였다.

---

120 원문의 第十은 第二의 잘못이다.
121 문장이 천근하다고 한 것은, 문장이 뜻과 가까워 알기 쉽다는 뜻이다. 또
　 그 뜻이 얕은 까닭으로 말하지 않았다는 것이다.

疏

於上諸處에 皆入此定이니 故普賢身을 不分하고 普遍麁細와 深廣
하야 平滿重疊하니라

저 위에 모든 곳에서 다 이 삼매에 들어갔으니
그런 까닭으로 보현의 몸을 나누지 않고 널리 큰 세계와 작은 세계
와[122] 깊은 세계와 넓은 세계에 두루하여 평등하고 원만하게 중첩으
로 하였다.

鈔

於上諸處下는 總結能遍이니 上之四重은 但所遍故라 於中三이니 初
는 正結遍身이라

저 위에 모든 곳이라고 한 아래는 능히 두루함을 모두 맺는 것이니
위에 사중四重은 다만 소변所遍인 까닭이다.
그 가운데 세 가지가 있나니

---

122 큰 세계와 작은 세계라고 한 등은, 강사가 말하기를 큰 세계는 곧 광대한
세계이고, 작은 세계는 곧 미진 세계이고, 깊은 세계는 중첩된 세계를 잡아
말한 것이고, 넓은 세계는 평만한 세계를 잡아 말한 것이다 하나, 어리석은
내가 자세히 살펴보니 크고 작다(麁細)고 한 것은 또한 능히 두루함에도
속하나니 세계 가운데 몸은 큰(麁) 것이고, 미진 가운데 몸은 곧 작은 것이다.
따라서 보현신이 불분보변하야 吐이다. 이상은 역시 『잡화기』의 말이다.
그러나 나는 불분"하고" 보변추세"와" 심광"하야" 吐로 번역하였다.

처음에는 바로 몸이 두루함을 맺는 것이다.

疏

此處入定을 類通旣然인댄 法界入定을 類通亦爾니라

이곳에서 삼매에 들어가는 것을 비류하여 통석한 것이 이미 그러하
다면 법계에서 삼매에 들어가는 것을 비류하여 통석하는 것도 또한
그러한 것이다.

鈔

二에 此處下는 類通이라

두 번째 이곳이라고 한 아래는 비류하여 통석한 것이다.

疏

故約主定인댄 佛前唯一普賢이니 一切一故요 若就類通인댄 佛前
各有塵數이니 一一切故니라

그런 까닭으로[123] 주主 삼매를 잡는다면 부처님 앞에 오직 한 사람의

보현뿐이니 일체의 일一인 까닭이요

만약 비류하여 통석함에 나아간다면 부처님 앞에 각각 작은 티끌
수 보현이 있나니 일一의 일체인 까닭이다.

鈔

三에 故約主定下는 解妨이니 謂難云호대 別明入定엔 佛前唯一普賢
거늘 今此結通엔 何以一一佛前에 各有多耶아하니 疏含二義하니 一
은 約主伴이요 二는 明卽入이라 初主伴中에 謂爲主須一거늘 爲伴必
多라하고 難云호대 此中普賢은 應不爲伴이라하니 應答云호대 若爲伴
時인댄 亦得有多라하니라 二者는 卽由上義故로 此一是卽多之一이
니 故疏云호대 一切之一故라하며 彼類通中에 多是全一之多니 故疏
云호대 一一切故라하니 前是擧一結多요 此是卽一卽多며 前是通辯
緣起相由요 今明力用交徹하야 一有一切等이라 故普賢身이 不可思
議가 略有三類하니 一은 隨類身이니 隨人天等의 見不同故요 二는
漸勝身이니 乘六牙象等의 相莊嚴故요 三은 窮盡法界身이니 帝網重
重하야 無有盡故라 今當第三이나 含有前二니라

세 번째 그런 까닭으로 주삼매를 잡는다고 한 아래는 방해하여
비난함을 해석한 것이니,

라는 네 자는 즉입문卽入門을 잡아 답한 것이다고 『잡화기』는 말한다. 또
『잡화기』에는 一切 아래 之라는 글자가 빠졌다 하나 없는 것이 좋다. 그래야
다음 줄 一一切故와 글자 수도 맞다.

말하자면 비난하여 말하기를 삼매에 들어감을 따로 밝힘에는 부처님
앞에 오직 한 사람의 보현뿐이거늘, 지금 여기에서 맺어 통석함에는
무슨 까닭으로 낱낱 부처님 앞에 각각 많은 보현이 있는가 하니
소문(疏)에 두 가지 뜻을 포함하였으니

첫 번째는 주主와 반伴을 잡은 것이요

두 번째는 즉입卽入을 밝힌 것이다.

처음 주·반 가운데 말하기를 주主가 되는 것은 반드시 한 보현뿐이거
늘, 반伴이 되는 것은 반드시 많은 보현이다 하고 비난하여 말하기를
이 가운데 보현은[124] 응당 반伴이 되지 못한다 하니, 응답하여 말하기
를 만약 반伴이 될 때라면 또한 많은 보현이 있음을 얻는다 하였다.
두 번째는 곧 위에 뜻을 인유한 까닭으로 이 일一[125]은 이 다多에
즉한 일一이니 그런 까닭으로 소문에 말하기를 일체의 일一인 까닭이
다 하였으며,

저[126] 비류하여 통석하는 가운데 다多는 이 일一을 온전히 한 다多이니
그런 까닭으로 소문에 말하기를 일一의 일체인 까닭이다 하였으니,
앞에서는 이 일一을 들어 다多를 맺은[127] 것이요, 여기서는 이 일一에

---

124 이 가운데 보현이라고 한 것은, 이 가운데는 일체一切의 일一이고 일一의
　　일체一切이니 앞에서 일一은 일一이고 다多는 다多라고 한 것과는 다른 것이
　　다. 따라서 반伴이 되지 못하는 것이다.
125 원문에 차此 자는 첫 번째이다.
126 원문에 피彼 자는 두 번째이다.
127 일을 들어 다를 맺는다고 한 것은 곧 주반문이고, 일에 즉하고 다에 즉한다고
　　한 것은 곧 즉입문이니 일체의 일인 까닭으로 일에 즉하고, 일의 일체인
　　까닭으로 다에 즉하는 것이다고 『잡화기』는 말한다.

즉하고 다多에 즉한 것이며,

앞에서는 이 연기의[128] 상유相由를 통틀어 분별한 것이요 지금에는 신력의 작용이 서로 사무쳐 일一에 일체가 있는 등을 밝힌 것이다.

그런 까닭으로 보현의 몸이 사의할 수 없는 것이 간략하게 세 가지 유형이 있나니

첫 번째는 유형을 따르는 몸이니,

인간과 천상 등의 소견이 같지 아니함을 따르는 까닭이요

두 번째는 점점 수승한 몸이니,

육아상六牙象 등의 모습으로 장엄한 것을 타는 까닭이요

세 번째는 법계 끝까지 다하는 몸이니,

제석의 그물이 중중하여 끝이 없는 것과 같은 까닭이다.

지금에는 제 세 번째에 해당하지만 앞에 두 가지도 포함하고 있다 하겠다.

---

128 연기의 상유라고 한 것은, 『잡화기』에 강사가 말하기를 힘이 있어 능히 성립하는 쪽으로는 연緣이 되고 주主가 되며, 힘이 없어 성립할 바 쪽으로는 기起가 되고 반伴이 된다 하나, 어리석은 나는 연緣이 되면 반드시 다多는 곧 반이 되고, 기起가 되면 반드시 일一은 곧 주가 된다 하겠다 하였다.

經

爾時에 一一普賢菩薩이 皆有十方의 一切諸佛하는 而現其前
하니

그때에 낱낱 보현보살이 다 시방에 일체 모든 부처님이 계시는
그 앞에 나타나니

疏

第二에 爾時一一下는 加分이라 有三하니 初는 口加요 次는 意加요
後는 身加라 初中有四하니 一은 諸佛現前이니 以此口加는 後無結
通일새 故此總擧重重時處와 一一普賢前也니라

제 두 번째 그때 낱낱 보현보살이라고 한 아래는 가지분加持分[129]이다.
세 가지가 있나니
처음에는 입으로[130] 가지加持한 것이요
다음에는 뜻으로 가지한 것이요
뒤에는 몸으로 가지한 것이다.

---

129 가지분加持分은 육분六分 가운데 제 두 번째이니 영인본 화엄 3책, p.572,
7행을 참고할 것이다.

130 처음에는 입이라고 한 등은, 일은 반드시 삼매에서 일어나는 것이다. 몸으로
하여금 다 이어 하여금 깨닫게 하는 까닭으로 몸의 가피가 도리어 가장
뒤에 있는 것이다. 역시 『잡화기』의 말이다. 일이란 삼매에서 지은 바 일이다.

처음 가운데 네 가지가 있나니

첫 번째는 모든 부처님 앞에 몸을 나타내는 것이니,

이 입으로 가지한 것은 뒤에 결통結通이 없기에 그런 까닭으로 여기에

중중의 시처와 낱낱 보현이 부처님 앞에 나타난 것을 모두 거론한

것이다.

經

彼諸如來가 同聲讚言하사대 善哉善哉라 善男子야 汝能入此 一
切諸佛의 毘盧遮那如來藏身菩薩三昧니라

저 모든 여래가 같은 음성으로 찬탄하여 말씀하시기를 착하고
착합니다. 선남자여, 그대가 능히 일체 모든 부처님의 비로자나
여래장신 보살삼매에 들어갔습니다.

疏

二에 彼諸下는 讚其得定이니 此雖果定이나 菩薩門入故로 云菩薩
三昧라하니라

두 번째 저 모든 여래라고 한 아래는 그 보현이 삼매 얻은 것을
찬탄한 것이니
이것은 비록 과果[131]의 삼매이지만 보살문[132]에 들어가는 까닭으로
말하기를 보살삼매라 한 것이다.

---

131 과果라고 한 것은 부처님이니 비로자나장신 삼매이다.
132 보살문이라고 한 것은 보살의 인문因門이다.

經

佛子야 此是十方一切諸佛이 共加於汝니 以毘盧遮那如來의 本
願力故며 亦以汝修一切諸佛의 行願力故니라

불자여, 이것은 시방의 일체 모든 부처님이 함께 그대에게 가피하
신 것이니
비로자나 여래의 본래 서원[133]의 힘인 까닭이며
또한 그대가 일체 모든 부처님의 행원의 힘을 닦은 까닭입니다.

疏

三에 佛子下는 明得定所由라 所由有三하니 一은 伴佛同加니 佛
佛道同故요 二는 主佛本願이니 此二爲緣이라 三은 自修行願이니
是入定因이라

세 번째 불자라고 한 아래는 삼매를 얻게 된 까닭을 밝힌 것이다.
그 까닭이 세 가지가 있나니[134]

---

133 비로자나 여래의 본래 서원이라고 한 것은,『잡화기』에 말하기를 말하자면
부처님이 원인 가운데 일찍이 이 과果의 삼매를 얻고 드디어 서원을 일으켜
말하기를, 원컨대 내가 성불한 뒤에 또한 보살로 하여금 이 삼매를 얻게
하는 것이다 하였다.

134 그 까닭이 세 가지가 있다고 한 것은,『잡화기』에 말하기를 만약 전분前分
초에 본래 부처님이 위덕을 나타낸 것을 취한다면 이유가 곧 네 가지가

첫 번째는 반불伴佛이 같이 가피한 것이니

부처님과 부처님이 도道가 같은 까닭이요

두 번째는 주불主佛의 본래 서원인 것이니

이 두 가지는 조연(緣)이 되는 것이다.

세 번째는 스스로 수행하기를 서원한 것이니

이것은 삼매에 들어가는 원인(因)이 되는 것이다.

鈔

所由有三等은 疏文有三하니 初는 當句釋이라

그 까닭이 세 가지가 있다고 한 등은 소문에 세 가지가 있나니

처음에는 당구當句를 해석한 것이다.

疏

又上三義는 前前이 由於後後라

또 위에 세 가지 뜻은 앞에 앞에 있는 것이 뒤에 뒤에 있는 것을

인유한 것이다.

있었거니와, 그러나 이 가운데 세 가지는 처음에 한 가지는 오직 이 삼매의
원인뿐이고, 뒤에 두 가지는 또한 가피의 원인에도 통하는 것이다 하였다.
여기 사기에 네 가지가 있다고 한 것은 가지분의 초중初中에 유사有四라
한 것이다.

鈔

二에 又上三下는 展轉釋이니 謂由自有行願하야 方得主佛願加하고
由主佛願하야 方得伴佛同加니 故云前前이 由於後後라하니라

두 번째 또 위에 세 가지 뜻이라고 한 아래는 전전히 해석한 것이니,
말하자면 스스로 행원이 있음을 인유하여 바야흐로 주불主佛의 서원
과 가피를 얻고, 주불의 서원을 인유하여 바야흐로 반불伴佛이 같이
가피함을 얻나니,
그런 까닭으로 말하기를 앞에 앞에 있는 것이 뒤에 뒤에 있는 것을
인유한다 하였다.

疏

餘豈無斯行耶아 法門主故며 表說普法故라

나머지 보살에게는 어찌하여 이 가피행이 없는가.
법문의 설주[135]인 까닭이며 넓은 법을 설함을 표한 까닭이다.

---

135 원문에 법문주法門主는 보현보살이다. 『잡화기』에 법문주라고 한 것은,
　　강사가 말하기를 보현보살이 이 법계의 자체인 까닭이며 혹은 보현보살이
　　이 회의 설법주인 까닭이다 한다 하였다.

鈔

餘豈無下는 通難이니 難言호대 一切菩薩이 皆修行願거늘 何故不加
고하니라 法門主下는 疏答이니 答中二意라 一은 約敎相이요 二에 表說
下는 約表法說이니 如金剛藏을 表地智等이라

나머지 보살에게는 어찌하여 이 가피행이 없는가 한 아래는 비난함
을 통석한 것이니

비난하여 말하기를 일체 보살이 다 행원을 닦았거늘 무슨 까닭으로
가피하지 않는가 한 것이다.

법문의 설주라고 한 아래는 소가疏家가 답한 것이니

답한 가운데 두 가지 뜻이 있다.

첫 번째는 교상을 잡은 것이요

두 번째 넓은 법을 설함을 표한 까닭이라고 한 아래는 법을 설함을
표한 것을 잡은 것이니,

마치 금강장을 십지十地와 십지十智 등[136]으로 표한 것과 같다.

---

136 금강장金剛藏은 십지十地의 설법주說法主이다. 등等이란 십바라밀을 등취等取
한 것이다.

經

所謂能轉一切佛法輪故며 開顯一切如來의 智慧海故며 普照
十方諸安立海호대 悉無餘故며 令一切衆生으로 淨治雜染하야
得淸淨故며 普攝一切諸大國土호대 無所著故며 深入一切諸佛
境界호대 無障礙故며 普示一切佛功德故며 能入一切諸法實相
하야 增智慧故며 觀察一切諸法門故며 了知一切衆生根故며 能
持一切諸佛如來敎文海故니라

말하자면 능히 일체 부처님의 법륜을 전하는 까닭이며
일체 여래의 지혜의 바다를 열어 나타내는 까닭이며
널리 시방의 모든 안립된 바다를 비추되 다 남김없이 하는 까닭이며
일체중생으로 하여금 잡되고 오염된 것을 맑게 다스려 청정함을
얻게 하는 까닭이며
널리 일체 모든 큰 국토를 섭수하지만 집착하는 바가 없는 까닭이며
깊이 일체 모든 부처님의 경계에 들어가지만 막히거나 걸림이
없는 까닭이며
널리 일체 부처님의 공덕을 현시하는 까닭이며
능히 일체 모든 법의 실상에 들어가서 지혜를 증장하는 까닭이며
일체 모든 법문을 관찰하는 까닭이며
일체중생의 근성을 요달하여 아는 까닭이며
능히 일체 부처님 여래가 가르치신 말씀의 바다를 가지는 까닭입
니다.

疏

四에 所謂下는 辯加所爲라 此文二勢니 一은 辯加所爲요 二는 顯
上行願之相이니 故云所謂也라하니라 所爲謂何고 爲轉法輪故라
有十一句하니 初總餘別이라 別中初一은 總攝十智요 餘九는 卽是
十海니 一은 卽安立海요 二는 卽衆生及業海요 三은 卽世界海요
四는 卽佛海요 五는 卽名號壽量과 及解脫海와 變化大用이니 皆
功德故요 六은 卽波羅蜜海니 到實相岸故요 七은 卽轉法輪海요
八은 卽根海요 九는 卽演說海니 與下十智는 令知此十이라

네 번째 말하자면이라고 한 아래는 가피하는 바를 분별한 것이다.
이 문장이 두 가지 문세가 있나니
첫 번째는 가피하는 바를[137] 분별한 것이요
두 번째는 위에 행원의 모습을[138] 나타낸 것이니
그런 까닭으로 말하기를 말하자면(所謂)이라고 하였다.
가피하는 바란 무엇을 말하는 것인가.
법륜을 전하기 위한 까닭이다.
열한 구절이 있나니

---

137 가피하는 바라고 한 것은, 『잡화기』에 말하기를 위의 경문에 가피한다(영인본
　　화엄 3책, p.601, 1행에 共加於汝)고 한 것은 가피가 삼매 앞에 있고, 여기는
　　곧 삼매 뒤에 가피한 것이다 하였다. 가피하는 바라고 한 것은 위에 비로자나
　　여래의 본래 서원의 힘인 까닭이다 한 것이다.
138 위에 행원의 모습이라고 한 것은 위에 그대가 일체 모든 부처님의 행원의
　　힘을 닦은 까닭이다 한 것이다.

처음에 한 구절은 총설이요
나머지는 별설이다.

별설 가운데 처음에 한 구절은 십지+智를 한꺼번에 섭수한 것이요
나머지 아홉 구절은 곧 이[139] 열 가지 바다이니
첫 번째는 곧 안립의 바다요
두 번째는 곧 중생의 바다와 그리고 업의 바다요
세 번째는 곧 세계의 바다요
네 번째는 곧 부처님의 바다요
다섯 번째는 곧 명호의 바다와 수량의 바다와 그리고 해탈의 바다와
변화의 바다와 큰 작용이니,
다 공덕인 까닭이요
여섯 번째는 곧 바라밀의 바다이니,
실상의 언덕에 이르는 까닭이요
일곱 번째는 곧 전법륜의 바다요
여덟 번째는 곧 근욕의 바다요
아홉 번째는 곧 연설의 바다이니,
아래[140]에 십지+智를 주는 것은 하여금 이 십해를 알게 하는 것이다.[141]

---

139 원문에 즉유即有라 한 유有 자는 초문에 시是 자이기에 고쳐 번역하였다.
140 아래라고 한 것은 영인본 화엄 3책, p.607, 6행이다.
141 하여금 이 십해를 알게 한다고 한 것은,『잡화기』에 말하기를 이 가운데
    이미 처음에 법륜을 전한다는 구절이 총이 된다고 하였다면 곧 그 별의
    열 구절이 다 법륜을 전하는 바(所轉)에 해당하거늘, 지금에는 이 열 구절로써

鈔

餘九는 卽是十海者는 就十海名하야 二處具出이나 影帶鉤鎖하야 文
該五處라 言二處者는 一은 現相品의 衆海問中十海요 二는 成就品
初의 標章答中十海라 然文小異하고 開合不次라 問中十者는 一은
世界海요 二는 衆生海요 三은 長行闕이나 偈中卽有하니 謂世界安立
海요 四는 諸佛海요 五는 波羅蜜海요 六은 解脫海요 七은 變化海요
八은 佛演說海요 九는 佛名號海요 十은 佛壽量海라 二에 世界成就品
初答中十者는 世界海와 衆生海와 一切諸佛海와 一切法界海와 一
切衆生業海와 一切根欲海와 一切佛轉法輪海와 一切三世海와 一
切如來願力海와 一切如來神變海라 若將此十하야 對現相品者인댄
此中一二는 名次俱同이요 三은 卽問中第四요 四는 卽彼三이요 五六
은 皆帶第二衆生海中하야 開出이요 亦可 第六根海는 通下諸海니
須知根故라 至成就品하야 當更會之하리라 七은 是前第八에 演說과
及第五에 波羅蜜海니 是所演故요 八은 卽第六에 解脫이요 九는 卽前
九十二海니 謂名號壽量이 皆由願力하야 而得成故요 十은 卽前變化
海라 上言此者는 此成就品이라

나머지 아홉 구절은 곧 이 열 가지 바다라고 한 것은 열 가지 바다의
이름에 나아가 두 곳에서 갖추어 설출하였지만, 그윽이 구鉤와 쇄鎖
가 연대하듯[142] 문장이 연대하여 다섯 곳을 갖추었다.

십지十智의 알 바(所知)를 삼은 것은 대개 알고 난 연후에 법을 전하는 까닭이
다 하였다.

두 곳이라고 말한 것은 첫 번째는 여래현상품의 대중이 동청(衆海同請)한[143] 가운데 열 가지 바다요

두 번째는 세계성취품 초두에[144] 문장을 표하여 답한 가운데 열 가지 바다이다.

그러나 경문이 조금 다르고, 열고 합한 것이 차례로 되지는 아니하였다.

대중이 동청(衆海同請)한 가운데 열 가지 바다는 첫 번째는 세계의 바다요

두 번째는 중생의 바다요

세 번째는 장행에는 빠졌으나 게송[145] 가운데는 곧 있나니,

말하자면 세계 안립의 바다요

네 번째는 모든 부처님의 바다요

다섯 번째는 바라밀의 바다요

여섯 번째는 해탈의 바다요

일곱 번째는 변화의 바다요

여덟 번째는 부처님 연설의 바다요

---

142 구鉤와 쇄鎖가 연대한다고 한 것은 영인본 화엄 3책, 이 아래 p.673, 4행에 구쇄상련鉤鎖相連이라 하였다.

143 여래현상품의 대중이 동청(衆海同請)한 것이라고 한 것은 영인본 화엄 3책, 이 앞에 p.435, 1행이다. 대중이 동청한 것이라고 한 것은 이 초문에는 중해문衆海問이라 하였다. 이 아래도 대중 동청은 다 중해문(問)이다.

144 세계성취품 초두에 운운은 영인본 화엄 3책, 이 아래 p.666, 3행이다.

145 궐闕 자 아래에 게偈 자가 빠졌으나 보증하였다.

아홉 번째는 부처님 명호의 바다요
열 번째는 부처님 수량의 바다이다.

두 번째 세계성취품 초두에 답한 가운데 열 가지 바다라고 한 것은
세계의 바다와
중생의 바다와
일체 모든 부처님의 바다와
일체 법계의 바다와
일체중생업의 바다와
일체 근욕의 바다와
일체 부처님이 법륜을 전하는 바다와
일체 삼세의 바다와
일체 여래 원력의 바다와
일체 여래 신변의 바다이다.

만약 이 세계성취품의 열 가지 바다를 가져 여래현상품을 상대한다
면 이 성취품 가운데 첫 번째와 두 번째는 이름과 차례가 함께
같고
세 번째는 곧 현상품에 대중이 동청한 가운데[146] 제 네 번째요
네 번째는 저 현상품의 제 세 번째요

---

146 대중이 동청한 가운데(問中)라고 한 것은 여래현상품 중해동청중衆海同請中
　　이다.

다섯 번째와 여섯 번째는 제 두 번째 중생의 바다 가운데 연대連帶하여 열어 설출한 것이요

또한 가히 제 여섯 번째 근욕의 바다는 아래 모든 바다에 통하나니 반드시 근욕을 알아야 하는 까닭이다.

세계성취품에 이르러 마땅히 다시 회석하겠다.

일곱 번째는 이 앞에 제 여덟 번째 연설의 바다와 그리고 제 다섯 번째 바라밀의 바다이니

이것은 연설할 바인 까닭이요

여덟 번째는 곧 제 여섯 번째 해탈이요

아홉 번째는 곧 앞에 제 아홉 번째와 제 열 번째의 두 바다이니, 말하자면 부처님의 명호와 수량이 다 원력을 인유하여 이룸을 얻는 까닭이요

열 번째는 곧 앞에 변화의 바다이다.

위에 이 십해[147]라고 말한 것은 이 세계성취품의 열 가지 바다(十海)이다.

言文該五處者는 二處如前이요 三은 卽此所爲中이니 是爲十海故요 四者는 卽下意加與智니 卽十海智故요 五는 世界成就品答中에 稱歎十智가 卽是知此十海之智니 正是此中에 諸佛所與十智也라 此上五處에 三處는 是海요 二處는 是智라 其所爲中에 雖無海言이나

而是海義라 然其五處가 決定相承이니 謂由問十海일새 故로 加所爲
中에 爲於十海하며 佛與十智하야 令知十海하며 普賢得智하야 將欲
說之일새 故로 觀察十海하며 知海難思하야 唯佛智能知일새 故로 稱
讚十智하며 亦是讚所得之智라야 方能遂佛所爲하야 答前問也니라
而其五處가 開合廣略者는 顯義無方故며 亦似譯人이 不相對會일새
故今疏文에 並爲會釋하야 使前後無違케하니 下成就品에 更委會釋
하리라

초문에 문장이 다섯 곳을 갖추었다고 말한 것은 두 곳[148]은 앞에서
설한 것과 같은 것이요

세 번째는 곧 여기 가피하는 바[149] 별설 가운데 말한 것이니
이것이 열 가지 바다(十海)가 되는 까닭이요

네 번째는 곧 아래 의가意加에 지혜를 준다고[150] 한 것이니
곧 열 가지 바다의 지혜인 까닭이요

다섯 번째는 세계성취품[151] 초두에 답한 가운데 십지十智를 칭찬한
것이 곧 이 열 가지 바다(十海)의 지혜인 줄 알아야 할 것이니,

---

148 두 곳이란, 여래현상품과 세계성취품이다.

149 여기 가피하는 바라고 한 것은 여기 경에서 말하고 있는 십해十海이다.

150 아래 의가意加는 영인본 화엄 3책, 아래 p.608, 4행 과목이고 지혜를 준다고
    한 것은 경문이다.

151 다섯 번째는 세계성취품 운운은 제 두 번째 세계성취품은 관찰십해觀察十海이
    니 영인본 화엄 3책, 아래 p.666, 3행에 있다. 여기 제 다섯 번째 세계성취품은
    관찰 십해 후에 칭탄십해지稱歎十海智이니 영인본 화엄 3책, p.669, 2행에
    있다.

바로 이것은 이 가운데 모든 부처님이 준 바 십지十智이다.

이 위의 다섯 곳에 앞에 세 곳은 이 십해十海요,

뒤에 두 곳은 이 십지十智이다.

그 가피하는 바 가운데 비록 바다라는 말은 없지만 이는 바다의 뜻이다.

그러나 그 다섯 곳이 결정코 서로 이어지나니

말하자면 대중이 동청한 가운데 열 가지 바다를[152] 인유하기에 그런 까닭으로 가피하는 바 가운데 열 가지 바다를 작위하며

부처님이 열 가지 지혜(十智)를 주어서 하여금 열 가지 바다를 알게 하며

보현이 지혜를 얻어서 장차 그것을 설하고자 하기에 그런 까닭으로 열 가지 바다를 관찰하며

열 가지 바다를 아는 것은 사의하기 어려워 오직 부처님의 지혜라야 능히 알기에 그런 까닭으로 열 가지 지혜(十智)를 칭찬하며

역시 얻은 바 지혜를 칭찬하여야 바야흐로 능히 부처님이 작위하신 바를 이루어 앞에 대중이 동청(衆海同請)한 열 가지 바다를 답하는 것이다.

그 다섯 곳이 열고 합하는 것이 넓기도 하고 간략하기도 한 것은 뜻이 방처가 없음을 나타내는 까닭이며

또한 번역하는 사람이 서로 대조하여 회석하지 않은 듯하기에 그런 까닭으로 지금 소문에서 아울러 회석하여 앞과 뒤로 하여금 어김이

---

152 원문에 문십해間十海는 여래현상품 중해동청 가운데 십해十海이다.

없게 하였으니,
아래 세계성취품에서 다시 자세하게 회석하겠다.

今此所爲中에 十句는 正對問中十海로대 有三兩海와 兼下答名하니
以文同故니라 謂一은 卽問中에 第三安立海요 二는 卽問中에 第二海
라 言業者는 問中所無로대 卽兼下名하니 答中開出이라 然有衆生에
必有於業이니 以此經中에 有淨治雜染하야 得淸淨言일새 故疏加之
及業海也니라 三은 同問中第一이요 四는 同問中第四라 五中엔 攝前
四海니 謂九에 名號海와 十에 壽量海와 六에 解脫海와 七에 變化海니
以其上四는 皆佛隨機之大用故라 故云一切佛功德也라하니라 六은
卽問中第五요 七九二海는 皆是問中第八이라 答中엔 但有轉法輪
海하고 而無演說하며 問中엔 但有演說하고 而無法輪거늘 今此所爲
와 及與歎智엔 並開成二하고 八은 亦問中第二衆生을 開出이라 然上
九句에 七九는 合成問中一演說海요 八은 復合歸第二니 故此九句가
唯有於七이나 而第五佛功德中에 獨有其四하고 兼七中餘六일새 故
로 十海具矣니라 與下十智者는 上來는 正釋經文이요 今은 對後生起
니 如前已說하니라

지금 여기에 가피하는 바 가운데 열 구절[153]은 바로 여래현상품의

---

153 열 구절이라고 한 것은 열한 구절 가운데 첫 번째 총구總句를 제외한다.
그러나 열 구절은 아홉 구절이 아닌지 위에 영인본 화엄 3책, p.603, 1행
소문에 나머지 아홉 구절은 곧 열 가지 바다라 하였다. 『잡화기』는 아홉
구절이라 해야 한다고 하였다.

대중이 동청한 가운데 열 가지 바다를 대조한 것이지만, 삼량三兩의
바다¹⁵⁴와 아래 세계성취품 초두의 답명答名에도 겸하여 있나니
지금의 경문과 같은 까닭이다.

말하자면 첫 번째는 곧 여래현상품에 대중이 동청한 가운데 제
세 번째 안립의 바다요

두 번째는 곧 대중이 동청한 가운데 제 두 번째 바다이다.¹⁵⁵

두 번째에 업의 바다라고 말한 것은 대중이 동청한 가운데는 없는
바이지만, 곧 아래 세계성취품 초두의 답명에는 겸하여 있나니
답명 가운데는 열어서 설출하였다.

그러나 중생이 있음에 반드시 업이 있나니,

여기 경문 가운데 잡되고 오염된¹⁵⁶ 것을 맑게 다스려 청정함을
얻게 한다는 말이 있기에 그런 까닭으로 소문에서 그리고 업의
바다(及業海)라고 하는 말을 더한¹⁵⁷ 것이다.

---

154 원문에 삼량해三兩海라고 한 것은, 삼三은 여래현상품과 세계성취품과 보현삼
매품이고, 양해兩海는 삼품三品에 각각 십해十海와 십해의 지智가 있는 것이
다. 위에 영인본 화엄 3책, p.605, 5행에 오처五處에 삼처三處는 해海이고
이처二處는 지智이다 하였다.

155 두 번째는 곧 대중이 동청한(問中) 가운데 제 두 번째 바다라고 한 것은
앞의 소문에서 두 번째는 중생의 바다와 그리고 업의 바다라 하였다.

156 원문에 잡염이란, 곧 업의 바다이다.

157 소문에서 그리고 업의 바다라고 하는 말을 더하였다고 한 것은, 경문에는
업의 바다가 없는데 소문에서 중생의 바다와 그리고 업의 바다라 하여
업의 바다를 더한 이유는 경문에 일체중생으로 하여금 잡되고 오염된 것을
맑게 다스려 청정함을 얻게 한다는 말이 있으니 중생이 있으면 업이 있기에

세 번째는 대중이 동청한 가운데 제일 첫 번째와 같고
네 번째는 대중이 동청한 가운데 제 네 번째와 같다.

다섯 번째 가운데는 앞에 네 가지 바다를 섭수하였나니,
말하자면 아홉 번째 명호의 바다와 열 번째 수량의 바다와 여섯
번째 해탈의 바다와 일곱 번째 변화의 바다이니,
이 위의 네 가지 바다는 다 부처님이 근기를 수순하는 큰 작용인
까닭이다.

그런 까닭으로 말하기를 일체 부처님의 공덕이다 하였다.

여섯 번째는 곧 대중이 동청한 가운데 제 다섯 번째요
일곱 번째와 아홉 번째 두 바다는 다 대중이 동청한 가운데 제
여덟 번째이다.

세계성취품 초두의 답한 가운데는 다만 전법륜의 바다만 있고 연설
의 바다가 없으며, 여래현상품의 대중이 동청한 가운데는 다만
연설의 바다만 있고 법륜의 바다가 없거늘, 지금 여기에 가피하는
바(加所爲)와 그리고 세계성취품 초두의 답 가운데 십지十智를 칭찬
한 데에는 아울러 두 가지 바다[158]를 열어 성립하였고
여덟 번째는 또한 대중이 동청한 가운데 제 두 번째 중생의 바다를
열어 설출[159]하였다.

더한 것이다. 따라서 경문에 잡염(잡되고 오염된 것)을 소가는 업으로 본
것이다.

[158] 두 가지 바다란, 다섯 번째 바라밀의 바다와 여섯 번째 연설의 바다이다.

[159] 제 두 번째 중생의 바다를 열어 설출한다고 한 것은 중생의 바다와 업의
바다를 열어서 설출한 것이다.

그러나 이 위에 아홉 구절에 일곱 번째와 아홉 번째는 합하여 대중이
동청한 가운데 첫 번째 연설의 바다를 성립하였고
여덟 번째는 다시 합하여 제 두 번째 바다에 귀결하였으니,
그런 까닭으로 이 아홉 구절이 오직 일곱 가지 바다만 있지만,
제 다섯 번째 부처님의 공덕의 바다 가운데 유독 네 가지 바다[160]가
있고, 일곱 가지 바다 가운데 나머지 여섯 가지 바다를 겸하였기에
그런 까닭으로 열 가지 바다를 갖춘 것이다.

아래에 십지를 준다고 한 것은 상래에는 바로 경문을 해석한 것이요
지금은 뒤를 상대하여 생기한 것이니
앞에서 이미 설한 것과 같다.[161]

---

160 유독 네 가지 바다라고 한 것은 여섯 번째 해탈의 바다와 일곱 번째 변화의
　　바다와 아홉 번째 부처님 명호의 바다와 열 번째 부처님 수량의 바다이다.
161 앞에서 이미 설한 것과 같다고 한 것은 가까이는 지금 초문에서 비교하여
　　설한 것이다.

經

爾時에 十方 一切諸佛이 卽與普賢菩薩摩訶薩에게 能入一切智
性力智하며 與入法界無邊量智하며 與成就一切佛境界智하며
與知一切 世界海成壞智하며 與知一切衆生界廣大智하며 與住
諸佛甚深解脫과 無差別諸三昧智하며 與入一切菩薩諸根海智
하며 與知一切衆生語言海로 轉法輪詞辨智하며 與普入法界一
切世界海身智하며 與得一切佛音聲智하니라

그때에 시방에 일체 모든 부처님이 곧 보현보살 마하살에게 능히
일체 지혜의 성품인 힘(力)에 들어가는 지혜를 주시며
법계의 끝도 한량도 없음에 들어가는 지혜를 주시며
일체 부처님의 경계를 성취하는 지혜를 주시며
일체 세계의 바다가 이루어지고 무너짐을 아는 지혜를 주시며
일체중생의 세계가 광대함을 아는 지혜를 주시며
모든 부처님의 깊고도 깊은 해탈과 차별이 없는 모든 삼매에 머무는
지혜를 주시며
일체 보살의 모든 근욕의 바다에 들어가는 지혜를 주시며
일체중생의 언어의 바다로 법륜을 전하는 말을 아는 지혜를 주시며
널리 법계 속 일체 세계 바다의 몸에 들어가는 지혜를 주시며
일체 부처님의 음성을 얻는 지혜를 주십니다.

疏

二에 爾時下는 明意加라 於中有二하니 先加後釋이라 前中亦二니
先은 此土요 後는 類通이라 前中에 與十種智하니 初一은 總이니
謂與果海之智라 而言與者는 佛力灌注하야 令增長故라 一切智
性은 卽果海也라 智性은 卽力이니 無傾動故며 具十力故라 末後
智字는 卽能入也라 餘九는 爲別이니 卽是成就品中에 十智라 由
與此智故로 後能說彼智하야 觀彼十海나 而文少不次니 一은 卽
第三法界安立海智니 安立無邊量故요 二는 卽第四佛海니 佛海
는 唯佛分齊之境이요 三은 卽第一이요 四는 卽第二에 衆生業海이
니 業因微細일새 故云廣大요 五는 含二句니 一은 卽第八에 佛神變
海니 解脫作用이 卽是神變이요 神變依定일새 加三昧言이라 二는
含三世智니 下文에 一念知三世가 由佛不思議解脫力故라하니
由加總句일새 故合此二라 六은 卽第五요 七은 卽第九요 八은 卽第
七에 願海이니 以願力故로 入法界中에 一切世界라 九는 卽第十에
建立演說이라

두 번째 그때라고 한 아래는 의가意加를 밝힌 것이다.
그 가운데 두 가지가 있나니
먼저는 가피요
뒤에는 해석이다.
앞의 가피 가운데 또한 두 가지가 있나니
먼저는 이 국토요

뒤에는 비류하여 통석한 것이다.

앞의 이 국토 가운데 열 가지 지혜를 주시니

처음에 한 가지는 총이니,

말하자면 과해果海의 지혜를 주시는 것이다.

주신다(與)고 말한 것은 부처님의 힘으로 물을 부어 하여금 증장케 하는 까닭이다.

일체 지혜의 성품이라고 한 것은 곧 과해果海이다.

지혜의 성품은 곧 힘이니

기울거나 움직임이 없는 까닭이며 십력을 갖춘 까닭이다.

말후에 지혜(智)라는 글자는 곧 능입能入이다.

나머지 아홉 가지는 별이니

곧 이것은 세계성취품 가운데 열 가지 지혜이다.

이 열 가지 지혜를 주심을 인유한 까닭으로 뒤에 능히 저 지혜를 설하여 저 열 가지 바다를 관찰케 하시지만 문장이 조금 차례로 되지 아니하였으니

첫 번째는 곧 제 세 번째 법계 안립바다의 지혜이니

안립이 끝도 한량도 없는 까닭이요

두 번째는 곧 제 네 번째 부처님의 바다이니

부처님의 바다는 오직 부처님의 분제分齊 경계요

세 번째는 곧 제일 첫 번째요

네 번째는 곧 제 두 번째 중생과 업의 바다이니

업의 원인이 미세하기에 그런 까닭으로 말하기를 광대라 한 것이요

다섯 번째는 두 구절을 포함하였으니,

첫 번째는 곧 제 여덟 번째 부처님 신변의 바다이니

해탈의 작용이 곧 이 신변이요,

신변이 삼매를 의지하기에 삼매라는 말을 더 하였다.

두 번째는 삼세지三世智를 포함하나니,

아래 경문에 한 생각에 삼세가 부처님의 사의할 수 없는 해탈의 힘을 인유한 줄 아는 까닭이다 하였으니

총구總句를 더함을 인유하기에 그런 까닭으로 이 두 구절을 포함하였다.

여섯 번째는 곧 제 다섯 번째요

일곱 번째는 곧 제 아홉 번째요

여덟 번째는 곧 제 일곱 번째 서원의 바다이니

서원의 힘인 까닭으로 법계 가운데 일체 세계에 들어가는 것이다.

아홉 번째는 곧 제 열 번째 연설의 바다를 건립하는 것이다.[162]

鈔

二에 意加中에 二는 別別對釋이니 欲對下智인댄 須知十智의 名字次第하리라 彼云佛子야 諸佛世尊은 知一切世界海의 成壞淸淨智가 不可思議하며 知一切衆生의 業海智가 不可思議하며 下略不可思議하고 而加次第하리라 三은 知一切法界安立海智요 四는 說一切無邊佛

---

162 연설의 바다를 건립하는 것이라고 한 것은 영인본 화엄 3책, p.669, 8행에 연설의 바다를 건립하는 것이 가히 사의할 수 없다 하였다. 여기서는 연설의 바다를 말하는 것일 뿐 건립이라는 말은 의미가 없다.

海智요 五는 入一切欲解根海智요 六은 一念普知一切三世智요 七은 顯示一切如來의 無量願海智요 八은 示現一切佛神變海智요 九는 轉法輪智요 十은 建立演說海智가 不可思議라하니라(經脫智字) 然이나 疏中易者는 則但對次第하고 難者는 已爲會釋하니 並可知也니라

두 번째 의가意加 가운데 두 가지가 있다고 한 것은 따로따로 상대하여 해석한 것이니,

아래에 지혜를 상대하고자 한다면 반드시 십지十智 이름의 차례를 알아야 한다.

저 세계성취품에 말하기를[163] 불자야, 모든 부처님세존은 일체 세계의 바다가 이루어지고 무너짐을 아는 청정한 지혜가 가히 사의할 수 없으며

일체중생의 업의 바다를 아는 지혜가 가히 사의할 수 없으며

이 아래부터는 가히 사의할 수 없다(不可思議)는 말은 생략하고 차례[164]만 더하겠다.

세 번째는 일체 법계 안립의 바다를 아는 지혜요

네 번째는 일체 끝없는 부처님의 바다를 설하는 지혜요

다섯 번째는 일체 욕망과 지해와 근성의 바다에 들어가는 지혜요

여섯 번째는 한 생각에 널리 일체 삼세를 아는 지혜요

---

163 원문에 피운彼云이라고 한 것은 이 아래 세계성취품이니 영인본 화엄 3책, p.669, 2행이다. 바로 아래 제불자諸佛子라 한 제諸 자는 세계성취품에는 없다. 따라서 여기도 제諸 자는 제외하고 번역하였다.

164 차례란 三, 四 등의 차례 숫자이다.

일곱 번째는 일체 여래의 한량없는 서원의 바다를 현시하는 지혜요
여덟 번째는 일체 부처님의 신변의 바다를 시현하는 지혜요
아홉 번째는 법륜을 전하는 지혜요
열 번째는 연설의 바다를 건립하는 지혜가 가히 사의할 수 없다
하였다.(경에 지智 자가 빠졌다.[165])
그러나 소문 가운데 쉬운 것은 곧 다만 차례만을 상대하여 말하였고[166]
어려운 것은 이미 회석하였으니
아울러 가히 알 수가 있을 것이다.

疏

又菩薩根이 更有多義하니 修十善道에 有三善根하고 修諸地度에
精進爲根하고 攝受正法에 信慧爲根하고 攝養衆生에 慈悲爲根하
고 爲成佛道에 悲智爲根이니 種種差別을 皆善知故니라

또 보살의 근성이 다시 수많은 뜻이 있나니
십선도를 닦음에 삼선근[167]이 있고

---

165 지智 자가 빠졌다고 한 것은 건립연설해建立演說海라는 말 아래에 지智 자가
　　있어야 한다는 것이니 연설의 바다를 건립하는 지혜가 가히 사의할 수
　　없다는 것이다. 나는 보증하여 번역하였다.
166 다만 차례만을 상대하여 말하였다고 한 것은 저 세계성취품의 차례를 이
　　소문에서 상대하여 말하였다는 것이다.
167 삼선근이란, 무탐과 무진과 무치이다. 혹은 초선初善과 중선中善과 후선後善
　　이라고도 한다.

십지에 십도를 닦음에 정진이 근본이 되고
정법을 섭수함에 신信과 혜慧가 근본이 되고
중생을 섭수하여 기름에 자慈와 비悲가 근본이 되고
불도를 이루려 함에 자慈와 지智가 근본이 되나니
가지가지 차별을 다 잘 아는 까닭이다.

經

如此世界中에 如來前의 普賢菩薩이 蒙諸佛이 與如是智인달하
야 如是一切世界海와 及彼世界海의 一一塵中에 所有普賢도
悉亦如是하니라

이 세계 가운데 여래 앞의 보현보살이 모든 부처님이 이와 같은
지혜를 주심을 입음과 같아서 이와 같이 일체 세계의 바다와 그리고
저 세계 바다의 낱낱 티끌 가운데 있는 바 보현보살도 다 또한
이와 같이 지혜 주심을 입었습니다.

疏

二에 如此下는 類通이니 可知라

두 번째 이 세계 가운데라고 한 아래는 비류하여 통석한 것이니
가히 알 수가 있을 것이다.

經

何以故요 證彼三昧하면 法如是故니라

무슨 까닭인가 하면 저 삼매를 증득하면 법이 이와 같이 되는
까닭입니다.

疏

第二에 何以故下는 釋所因이라 於中二니 先徵이라 意云호대 諸佛
有力能與하시고 有慈能普어늘 何以十智를 偏加普賢고할새 釋云
호대 普賢得此三昧일새 法爾應與라하니라

제 두 번째 무슨 까닭인가라고 한 아래는 원인하는 바를 해석한
것이다.
그 가운데 두 가지[168]가 있나니
먼저는 묻는 것이다.
묻는 뜻에 말하기를 모든 부처님이 힘이 있어 능히 주시고 자비가
있어 능히 두루하시거늘 무슨 까닭으로 십지十智를 치우쳐 보현에게
만 가피 하는가 하기에, 해석하여 말하기를 보현이 이 삼매를 얻었기
에 법을 그렇게 응당 주는 것이다 하였다.

---

168 두 가지라고 한 것은, 一은 묻는 것이고 二는 해석한 것이다.

經

是時에 十方諸佛이 各舒右手하사 摩普賢菩薩頂하시니

이때에 시방에 모든 부처님이 각각 오른손을 펴 보현보살의 이마를
만지시니

疏

三에 是時下는 身加라 於中亦二니 初는 此土요 後에 如此下는
類通이라 前中復二니 先은 佛手摩頂이니 明加彼攝受라 又準梵本
인댄 明十方佛身이 皆不來此하고 舒臂不必長이나 而同時摩頂하
며 各全觸頂이나 互不相礙하니 皆是如來의 自在業用이라하니라

세 번째 이때라고 한 아래는 신가身加다.
그 가운데 또한 두 가지가 있나니
처음에는 이 국토요
뒤에 이 세계 가운데서[169] 이마를 만지심과 같다고 한 아래는 비류하
여 통석한 것이다.
앞의 이 국토 가운데 다시 두 가지가 있나니
먼저는 부처님이 오른손으로 이마를 만지시는 것이니
가피하여 섭수함을 밝힌 것이다.

---

169 뒤에 이 세계 가운데서 운운은 영인본 화엄 3책, p.614, 5행이다.

또 범본을 기준한다면 시방에 부처님의 몸이 다 이 국토에 오신

것도 아니고 팔을 펴 반드시 길게 한 것도 아니지만 그러나 동시에

이마를 만지시며

부처님이 각각 온전히 이마를 만지시지만 그러나 서로서로 걸리지

아니하시니,[170]

다 이것은 여래의 자재한 업의 작용이다 하였다.

---

[170] 서로서로 걸리지 않는다고 한 것은 시방에 모든 부처님의 손이 서로 걸리지
않는다는 것이다.

經

其手가 皆以相好로 莊嚴하며 妙網光舒하며 香流焰發하며

그 손이 다 상相과 호好로써 장엄되었으며,
묘한 망만網縵에 빛이 펼쳐지며,
향기가 흘러내리며,
불꽃이 일어나며

疏

二에 其手下는 辯手相用이라 於中十句니 以顯無盡이라 前五는
德相圓備니 謂腯圓纖直等이라 故云相好莊嚴이라하였다

두 번째 그 손이라고 한 아래는 수상手相의 작용을 분별한 것이다.
그 가운데 열 구절이 있나니
끝이 없음을 나타낸 것이다.
앞에 다섯 구절은[171] 덕상이 원만함을 갖춘 것이니
말하자면 도톰하게 살찌고 원만하고 가늘고[172] 곧은 등이다.
그런 까닭으로 말하기를 상相과 호好로써 장엄되었다 한 것이다.

---

171 다섯 구절이라고 한 것은, 『잡화기』에 강사가 말하기를 상장엄과 호장엄을
    열면 두 구절이 되고, 묘망광야가 한 구절이 되고, 향류와 염발이 두 구절이
    되나니 합하면 다섯 구절이 된다고 한다 하였다.
172 腯은 살찔 용이다. 纖은 가늘 섬이다.

鈔

謂腷圓者는 腷纖之言이 言兼相好라 案大般若인댄 三十二相中에 第九는 雙臂脩直腷圓하야 如象王鼻라하니 斯則腷直이 是相이니 手連臂故라 纖者는 三十二中云호대 五는 世尊手足에 所有諸指가 圓滿纖長하야 甚可愛樂이라하니라 言兼好者는 八十好中에 手足指가 爲二十이니 以一指가 爲一好라 謂十指端이 皆圓纖可喜故니라 而言等者는 卽妙網光舒니 此言顯故니라 三十二中云호대 四는 世尊手足에 二指中間이 猶如鵝王하야 咸有網鞔하고 金色交絡하며 文同綺畫라하니 卽是相也니라 略擧此五어니와 廣如十身相海品하니라

말하자면 도톰하게 살찌고 원만하다고 한 등은 도톰하게 살찌고 가늘다는 말이 상相·호好를 겸하였다는 말이다.

『대품반야경』을 안찰하여 보면 삼십이상 가운데 제 아홉 번째는 두 팔이 길고 곧고 살찌고 원만하여 코끼리 왕의 코와 같다고 하였으니,

이에 곧 살찌고 곧다고 한 것이 이 상相이니 손이 팔까지 이어진 까닭이다.

가늘다고 한 것은 삼십이상 가운데 말하기를 다섯 번째는 세존의 손과 발에 있는 바 모든 가락이 원만하고 가늘고 길어서 매우 좋아할 만하다 하였다.

상호를 겸하였다[173]고 말한 것은 팔십종호 가운데 손가락 발가락이

---

173 상호를 겸하였다고 한 것은 초문을 인용한 것이다.

스무 개가 되나니 한 손가락 한 발가락이 일호一好가 되는 것이다.
말하자면 열 손가락 열 발가락 끝이 다 원만하고 가늘어 가히 기뻐할
만한 까닭이다.

등等이라고 말한[174] 것은 곧 묘한 망만에 빛이 펼쳐진다고 한 것이니
이 말에 다 나타난 까닭이다.

삼십이상 가운데 말하기를 네 번째는 세존의 손과 발에 두 손 발가락
중간이 비유하자면 거위 왕과 같아서 다 망만이 있고, 황금색이
서로 이어져 있으며, 문채가 비단 같이 빛난다 하였으니
곧 이 상相이다.

간략하게 이 다섯 가지를 들었거니와 폭넓게 설한 것은 십신상해품
과 같다.

---

174 등等이라고 말한 것은 곧 묘한 망만에 빛이 펼쳐진다고 한 것만 등취한
것이니, 향기가 흘러내리고 불꽃이 일어난다고 한 것을 등취하지 아니한
것은 삼십이상의 수數에 속하지 않기 때문이다. 『잡화기』에는 뒤에 두 가지를
등취하지 아니한 것은 향기가 흘러내리고 불꽃이 일어난다고 한 것은 상호相
好 가운데 숫자가 아닌 까닭이다 하였다.

經

復出諸佛_이 種種妙音과 及以自在한 神通之事와 過現未來에
一切菩薩의 普賢願海와 一切如來의 淸淨法輪과 及三世佛의
所有影像하야 皆於中現하니라

다시 모든 부처님의 가지가지 묘한 음성과
그리고 자재한 신통의 일과
과거·현재·미래에 일체 보살의 보현 서원의 바다와
일체 여래의 청정한 법륜과
그리고 삼세에 부처님이 소유하신 영상을 출생하여 그 가운데
나타내십니다.

疏

後에 復出下에 五句는 明妙用自在니 意明此手가 亘十方하야 而
包三世하며 收因果하야 而該人法하며 深廣體用이 無邊自在하야
非言能說也니라

뒤에 다시 모든 부처님의 가지가지 묘한 음성 등을 출생하였다고
한 아래에 다섯 구절은 묘용이 자재함을 밝힌 것이니,
그 뜻은 이 손이 시방에 뻗치어 삼세를 포함하며,
인과를 거두어 사람과 법을 갖추며,
깊음과 넓음과 자체와 작용이 끝이 없이 자재하여 말로써 능히

설할 수 없음을 밝힌 것이다.

鈔

亘十方者는 一切諸言이 卽橫亘十方也요 過現未來는 卽三世也라
菩薩은 因也요 諸佛은 果也니 上二皆人이요 法輪은 法也라 頓具는
爲深이요 橫該는 爲廣이라 相好는 卽體요 出生等은 用이라 皆悉圓融
은 名無邊自在니 謂卽橫卽竪하며 卽人卽法等이라

시방에 뻗치었다고 한 것은 일체 부처님의 모든 말이[175] 곧 횡橫으로
시방에 뻗쳤다는 것이요

과거·현재·미래라고 한 것은 곧 삼세이다.

보살이라고 한 것은 원인이요

모든 부처님이라고 한 것은 과보이니,

이상의 둘은 다 인人이요

법륜이라고 한 것은 법이다.

문득 갖추는 것은 깊음이 되고

횡으로 갖추는 것은 넓음이 되는 것이다.

상호相好라고 한 것은 곧 자체가 되고

출생한다[176]고 한 등은 작용이다.

---

175 원문에 일체제언一切諸言이라고 한 것은 일체는 일체제불이니 경에 제불諸佛
이요, 제언은 종종언음種種言音이니 경에 종종묘음種種妙音이다. 『잡화기』에
는 다만 일체一切와 제언諸言이라고만 하였다.

모두 다 원융한 것은 이름이 끝이 없는 자재이니
말하자면 곧 횡으로 자재하고 곧 수로 자재하며,
곧 사람에게 자재하고 곧 법에 자재한 등이다.

---

176 출생한다고 한 것은 경문에 부출復出이라 한 출出 자를 말하고 있다.

經

如此世界中에 普賢菩薩이 爲十方佛의 所共摩頂인달하야 如是
一切世界海와 及彼世界海의 一一塵中에 所有普賢도 悉亦如是
하야 爲十方佛之所摩頂하니라

이 세계 가운데 보현보살이 시방의 부처님에게 함께 마정하는
바가 되는 것과 같아서
이와 같이 일체 세계의 바다와 그리고 저 세계 바다의 낱낱 티끌
가운데 있는 바 보현보살도 다 또한 이와 같이 시방의 부처님에게
마정하는 바가 되었습니다.

疏

後는 結通이니 可知라

뒤에는 맺어서 통석한 것이니 가히 알 수가 있을 것이다.

經

爾時에 普賢菩薩이 卽從是三昧而起하고

그때에 보현보살이 곧 이 삼매로 좇아 일어나고

疏

第三에 爾時下는 起定分이니 所作事竟故라 於中二니 初는 此界요
後는 類通十方이라 前中亦二니 初는 起定이요 後는 衆益이라 前中
亦二니 初는 起主定이라

제 세 번째 그때라고 한 아래는 기정분起定分[177]이니
작위한 바 일[178]을 마친 까닭이다.
그 가운데 두 가지가 있나니
처음에는 이 세계요
뒤에는 비류하여 시방을 통석한 것이다.
앞의 가운데 또한 두 가지가 있나니
처음에는 삼매에서 일어나는 것이요
뒤에는 대중이 이익을 얻는 것이다.[179]

---

177 기정분起定分은 앞에서 말한 육분六分 가운데 제삼분이다. 영인본 화엄
　　3책, p.572, 7행에 육분이 있다.
178 작위한 바 일이라고 한 것은 삼매 가운데서 작위한 바 일이다. 또 다른
　　뜻이 있나니 수자권水字卷 44장을 볼 것이다. 이것은 『잡화기』의 말이다.

앞의 가운데 또한 두 가지가 있나니
처음에는 주초 삼매에서 일어나는 것이다.

---

179 뒤에는 대중이 이익을 얻는다고 한 것은 영인본 화엄 3책, p.629, 7행이다.

經

從此三昧起時에 卽從一切世界海의 微塵數三昧海門起하리니

이 삼매로 좇아 일어날 때에 곧 일체 세계의 바다에 작은 티끌 수만치 많은 삼매의 바다 문으로 좇아 일어나나니

疏

二는 起眷屬定이라 於中亦二니 初는 總이니 謂一起一切起라 由此 妙定이 卽是一切三昧海故며 餘定爲門하야 皆入此故라 彼全同 此하야 亦受海名이라

두 번째는 권속의 삼매에서 일어나는 것이다.
그 가운데 또한 두 가지가 있나니
처음에는 한꺼번에 밝힌 것이니
말하자면 한 삼매에서 일어남에 일체 삼매에서 일어나는 것이다.
이 묘한 삼매가 곧 이 일체 삼매의 바다를 인유하는 까닭이며,
나머지 삼매가 문이 되어 다 이 삼매에 들어가는 까닭이다.
저 권속삼매도 온전히 이 삼매와 같아서 또한 바다라는 이름을
받는 것이다.

鈔

初는 總이니 謂一起一切起者는 此上은 正釋이요 由此下는 出其所以
라 所以有三하니 初는 總攝故요 二는 終歸此故요 三에 彼全同下는
通妨難이니 謂有云호대 若取歸此인댄 如百川歸海어늘 何以能歸가
亦受海名고할새 故今通云호대 約隨機別用일새 故曰終歸이라하나 實
則體同하야 更無異味니 卽是總中에 之別義耳니라 如於海中에 說百
川味하니라

처음에는 한꺼번에 밝힌[180] 것이니 말하자면 한 삼매에서 일어남에
일체 삼매에서 일어난다고 한 것은 이 위에는 바로 해석한 것이요
이 묘한 삼매가 곧 이 일체 삼매의 바다를 인유하는 까닭이라고
한 아래는[181] 이 삼매에서 나온 까닭을 설출한 것이다.
이 삼매에서 나온 까닭이 세 가지가 있나니
처음에는 이 삼매가 모두 섭수하는 까닭이요
두 번째는 모든 삼매가 마침내 이 삼매에 돌아가는 까닭이요
세 번째 저 권속 삼매도 온전히 이 삼매와 같다고 한 아래는 방해하여
비난함을 통석한 것이니,

---

180 원문에 초일총명初一總明은 소문에 초총初總이라 하였기에 인용문으로 보아
　　初總으로 고쳤다.

181 원문에 유차하由此下는 출소이유삼出所以有三이라 한 것은 출出 자 아래
　　기其 자가 있고 소이所以 아래 다시 소이所以라는 두 글자가 있는 것이
　　좋아 보증하여 번역하였다.

말하자면 어떤 사람이 말하기를 만약 모든 삼매를 취하여 이 삼매에
돌아간다고 한다면 마치 백천百川이 바다에 돌아가는 것과 같거늘
무슨 까닭으로 능귀能歸의 삼매[182]가 또한 바다라는 이름으로 받는가
하기에, 그런 까닭으로 지금에 통석하여 말하기를 근기를 따라
작용이 다름을 잡았기에 그런 까닭으로 말하기를 마침내 이 삼매에
돌아간다고 하였지만 실은 곧 자체가 같아서 다시 다른 맛이 없나니,
곧 이것은 총總 가운데 별別의 뜻일 뿐이다.

마치 한 바다 가운데서 백천의 맛을 말하는 것과 같다.

---

182 능귀能歸의 삼매란 권속 삼매이고, 소귀의 삼매는 여래장신 삼매로 주主
삼매이다.

經

所謂從知三世의 念念無差別한 善巧智三昧門起하며 從知三世의 一切法界에 所有微塵三昧門起하며 從現三世의 一切佛刹三昧門起하며 從現一切衆生의 舍宅三昧門起하며 從知一切衆生의 心海三昧門起하며 從知一切衆生의 各各名字三昧門起하며 從知十方法界의 處所各差別三昧門起하며 從知一切微塵中에 各有無邊廣大佛身雲三昧門起하며 從演說一切法의 理趣海三昧門起하니라

말하자면 삼세의 생각 생각이 차별이 없는 선교의 지혜를 아는 삼매문으로 좇아 일어나며
삼세의 일체 법계에 있는 바 작은 티끌 수를 아는 삼매문으로 좇아 일어나며
삼세의 일체 부처님의 국토를 나타내는 삼매문으로 좇아 일어나며
일체중생의 집을 나타내는 삼매문으로 좇아 일어나며
일체중생의 마음의 바다를 아는 삼매문으로 좇아 일어나며
일체중생의 각각 이름을 아는 삼매문으로 좇아 일어나며
시방법계의 처소가 각각 차별함을 아는 삼매문으로 좇아 일어나며
일체 작은 티끌 가운데 각각 끝없는 광대한 부처님 몸의 구름이 있음을 아는 삼매문으로 좇아 일어나며
일체 법의 이취의 바다를 연설하는 삼매문으로 좇아 일어났습니다.

疏

二에 所謂下는 別辯이니 塵數旣多라하나 略列其十하니라 一은 卽
能知智三昧니 謂無一念暫差일새 故云念念無差라하고 而不廢遍
知일새 爲善巧智라하니라 二는 卽所知塵境이니 上能所一對라

두 번째 말하자면이라고 한 아래는 따로 분별한 것이니,
티끌 수 삼매가 이미 많다[183] 하였지만 간략하게 그 열 가지만 열거하
였다.[184]
첫 번째는 곧 능히 지혜를 아는 삼매이니
말하자면 한 생각이 잠깐도 차별이 없기에 그런 까닭으로 말하기를
생각 생각이 차별이 없다 하였고, 두루 아는 것을 폐지하지 않았기에
선교의 지혜라 하였다.
두 번째는 곧 알아야 할 바 미진수 경계[185]이니

---

183 이미 많다고 한 것은 영인본 화엄 3책, p.615, 3행에 일체 세계의 바다에
    작은 티끌 수만치 많은 삼매문이라 한 것이다.

184 간략하게 열 가지만 열거하였다고 한 것은, 『잡화기』에 말하기를 감수
    십十을 잡은 것이고, 첫 번째 능히 지혜를 아는 것이라고 한 것은 여기에
    안다는 지知 자가 경문에 안다는 지知 자로 더불어 같지 않나니, 경에 알아야
    할 바 일이 아홉 가지가 있으되 지금은 그 첫 번째 능히 지혜를 아는 까닭이다.
    이 사기에 감수 십이라 한 것은 여기엔 九句뿐이기에 한 말이다. 그러나
    소문에 그 열 가지라 한 것은 앞에 총 一句와 여기 別九句를 합하여 말한
    것이라 하겠다.

185 알아야 할 바 미진수 경계라고 한 것은, 만약 다만 진塵이라고만 말하였다면
    바로 이것은 미세한 미진을 말하는 것이나, 그러나 다시 경境 자를 더하여

이상은 능能·소所가 일대一對이다.

鈔

所知塵境者는 此有二義하니 一은 塵卽微細之塵이니 知其相虛하며
又能容納하며 及爲物因이니 如八地中에 知微塵差別智라 二는 卽六
塵境를 亦名微塵境이니 故安國云호대 謂色等五塵界가 是現量境이
니 五識親證하면 都無塵相하며 如來藏中에 頓現身器나 而無塵相거
늘 六七妄想으로 謂有我法이라 想所現相은 是分別變이니 分別變相
은 但可爲境이언정 而無實用호미 如日發焰에 帶微塵而共紅이언정
非實紅也며 如水澄淸에 含輕雲而俱綠이언정 非實綠也니라 如觀本
質인댄 知畫像而非眞인달하야 若了藏性인댄 悟塵境而爲妄이니 故
經云호대 非不證眞如나 而能了諸行이 皆如幻事等하야 似有而非眞
이라하니라 故로 法界微塵으로 以爲三昧라하니 釋曰此義는 易了요
亦非經宗일새 故로 疏含有耳니라 而釋之似巧일새 故鈔引之하니라

알아야 할 바 미진수 경계라고 한 것은 여기에 두 가지 뜻이 있나니
첫 번째는 미진이라는 것은 곧 미세한 티끌이니,
그 모습이 빈 듯하며
또 능히 용납하며,
그리고 만물의 원인이[186] 되는 줄 알아야 할 것이니

진경塵境이라고 말한 것은 안국스님이 말한 육경六境의 미진을 포함하고자
한 까닭이다. 이상은 역시 『잡화기』의 말이다.

마치 팔지八地 가운데 작은 티끌 수의 차별을 아는 지혜라 한 것과
같다.

두 번째는 곧 육진의 경계를 또한 미진의 경계라 이름하나니[187]
그런 까닭으로 안국법사[188]가 이르기를 말하자면 색 등 오진의 경계가
이 현량의 경계이니

오식으로 친히 증득하면 모두 오진의 모습이 없으며[189],

여래장 가운데[190] 문득 근신根身과 기계器界를 나타내지만 오진의
모습(塵相)이 없거늘 육식과 칠식의 망상으로[191] 아我와 법法이 있다
고 말하는 것이다.

망상으로 나타낸 바 모습은 이 분별로 변현한 것이니,

분별로 변현한 모습은 다만 가히 경계가 될 뿐[192]일지언정 진실한

---

186 그 모습이 운운한 것은 『잡화기』에 그 모습이 빈 듯하다고 한 것은 종교와
    돈교이고, 능히 용납한다고 한 것은 원교를 잡은 것이고, 만물의 원인이라고
    한 것은 소승교와 그리고 시교 등이니 팔지 가운데 미진으로써 세계의
    자체를 삼는 까닭이다 하였다.

187 또한 미진의 경계라 이름한다고 한 것은, 비록 미微라는 말이 있으나 다만
    진塵만 취하는 것이다.

188 안국법사는 이강利剛, 원섭元涉법사이다.

189 모두 오진의 모습이 없다고 한 것은, 이미 다만 보고 다만 듣기만 하였다면
    곧 저는 나에게 염오의 뜻이 없는 까닭이라고 『잡화기』는 말한다.

190 여래장 가운데라고 한 아래는 안국법사가 그윽이 『능가경』의 말을 인용한
    것이다. 바로 다음 소문에 『능가경』 운운을 볼 것이다.

191 육식과 칠식의 망상이라 운운한 것은 바로 색 등이 육식과 칠식의 변현하는
    바가 됨을 밝힌 것이니, 그런 까닭으로 육진의 경계라고 함을 얻는 것이다고
    『잡화기』는 말한다.

작용이 없는 것이 마치 태양이 빛을 일으킴에 미진까지 연대하여 함께 붉을지언정 진실로 붉은 것이 아닌[193] 것과 같으며, 마치 물이 맑음에 경미한 구름까지 포함하여 함께 푸를지언정 진실로 푸른 것이 아닌[194] 것과 같다.

마치 본질을 관찰하면 화상이 진실이 아닌 줄 아는 것과 같아서 만약 여래장의 성품을 요달하면 육진의 경계가 허망한 줄 깨달을 것이니,

그런 까닭으로 경에 말하기를 진여를 증득하지 아니한 것은 아니지만 그러나 능히 모든 행이 다 환사幻事인 등과 같아서 있는 것 같지만 진실이 아닌 줄 알아야 할 것이다 하였다.

그런 까닭으로 법계에 작은 티끌로써 삼매를 삼는다 하였으니 해석하여 말하면 이 뜻은 알기가 쉽고 또한 이 경의 종지도 아니기에[195] 그런 까닭으로 소문에서는 포함하여 있을 뿐이다.

---

192 분별로 변현한 모습은 다만 가히 경계가 될 뿐이라고 한 아래는 곧 삼매의 아는 모습을 밝힌 것이니, 저 모습은 진실한 작용이 없는 줄 아는 것이다. 바로 아래 태양이 빛을 일으키는 것과 물이 맑다고 한 것은 그 뜻이 육식과 칠식의 분별에 비유한 것이다고 『잡화기』는 말한다.

193 진실로 붉은 것이 아니라고 한 것은 진실로 미진이 붉은 것은 아니라는 뜻이다.

194 진실로 푸른 것이 아니라고 한 것은 진실로 경미한 구름이 푸른 것은 아니라는 뜻이다.

195 또한 이 경의 종지도 아니라고 한 것은, 저 육진의 경계에 이것은 망이고 진실이 아닌 줄 관찰하는 것은 다만 이 종교의 뜻인 까닭이니, 이러한즉 반드시 미세진과 용납하는 뜻을 사용하여야 바야흐로 이 당경인 『화엄경』의

그러나 그 해석이 교묘한 것 같기에[196] 그런 까닭으로 초문에서
다시 인용하였다.

疏

三은 現廣刹이요 四는 現居處니 即於世界의 總別一對라 楞伽經
云호대 如來藏識이 頓現一切身器와 及諸受用이라하니 器는 即廣
刹이요 受用은 即是舍宅이라

세 번째는 광대한 국토를 나타낸 것이요
네 번째는 거처居處[197]를 나타낸 것이니
곧 세계의 총과 별이 일대一對이다.
『능가경』에[198] 말하기를 여래장식이 문득 일체 근신과 기계와 그리고
모든 수용[199]을 나타낸다 하였으니

종지가 되는 것이다. 강사가 말하기를 저 밖의 미진에 삼매를 이루는 것이
바로 이 『화엄경』의 종지거늘 만약 육식과 칠식으로 나타난 바 육진의
경계상에 나아가 삼매에 들어간다면 곧 이 『화엄경』의 종지가 아니다 하니,
이와 같지 않을까 염려한다. 역시 『잡화기』의 말이다.

196 그 해석이 교묘한 것 같다고 한 것은 안국법사의 해석이 좋은 것 같다는
것이다.

197 거처居處라고 한 것은 사택舍宅이라 하는 것이 좋을 것 같다. 경문에도
사택이라 하였고, 바로 두 줄 뒤에도 사택이라 하였다.

198 『능가경』 운운은 다만 나타내는 바만 취하고 능히 나타내는 것은 취하지
않았으니, 저 『능가경』은 여래장식으로써 능히 나타내는 것을 삼고 지금에는
삼매로써 능히 나타내는 것을 삼은 까닭이다고 『잡화기』는 말하고 있다.

기계라고 한 것은 곧 광대한 국토요,

수용이라고 한 것은 곧 이것은 사택舍宅이다.

五는 知心念差別이요 六은 知身相名字니 卽衆生의 色心一對라

다섯 번째는 심념心念의 차별을 아는 것이요
여섯 번째는 신상의 이름을 아는 것이니
곧 중생의 색과 심[200]이 일(一對)이다.

七은 知廣處요 八은 知廣身이니 卽依正一對라 雖說微塵이라하나
意彰佛廣이니 虛空無方이나 有物處則現거니와 唯如來藏은 是實
物有하면 依此建立이라 處所各別은 隨菩薩行하야 刹有淨穢하며
隨衆生業하야 趣類別故라 微塵中佛은 復有一義하니 謂如來藏이
是眞佛身이라 其體廣大하야 無能知者나 恒在六七의 微塵之中하
나니 一一有情이 各有藏識일새 故云各有無邊大身이라하나라

일곱 번째는 광대한 처소를 아는 것이요

---

199 수용이라고 한 것은 뒤에 『능가경』에 수용受用의 경계라 하였다.
200 색과 심이란, 색은 몸이고 심은 마음이다.

여덟 번째는 광대한 몸을 아는 것이니

곧 의보와 정보가 일대이다.

비록 일체 작은 티끌 가운데라[201] 말하였지만 그 뜻은 부처님의 광대한 몸을 밝힌 것이니,

허공은 방소가 없지만[202] 중생이 있어 거처하면 곧 나타나거니와 오직 여래장은 이 진실이지만 중생이 있으면 이를 의지하여 건립하는 것이다.

처소가 각각 다르다고[203] 한 것은 보살의 행을 따라서 국토가 깨끗하고 더러운 것이 있으며,

---

201 비록 일체 작은 티끌 가운데라고 한 것은 곧 경문 제팔구第八句에 속한다 하겠다.

202 허공은 방소가 없지만 운운한 것은 제 여덟 번째 구절을 해석한 것이요, 바로 아래 처소가 각각 다르다고 한 아래는 제 일곱 번째 구절을 해석한 것이니 제 여덟 번째 구절을 먼저 해석한 까닭은 위를 이어 바른 차례를 안찰하여 결정한 까닭이다. 허공은 방소가 없지만이라고 한 등은 말하자면 허공은 방소가 없지만 그 자체는 비어 있어 반드시 중생을 기다린 이후에 나타나거니와 지금에 여래의 광대한 창고(여래장)의 몸은 곧 그 자체가 진실하여 무릇 있는 바 중생이 다 반드시 이 여래장을 의지하여 건립하나니, 이미 다 이 여래장을 의지하여 건립하였거니 비록 한 티끌 한 티끌인들 어찌 가히 그 광대한 여래의 창고의 몸이 없겠는가. 이상은 역시 『잡화기』의 말이다.

203 처소가 각각 다르다고 한 것은 곧 경문 제칠구第七句에 속하는 것이니 시방법 계의 처소가 각각 차별하다 한 것이다. 『잡화기』는 제칠구의 경문을 첩석한 것이라 하였다.

중생의 업을 따라서 취향하는 유형이 다른 까닭이다.

작은 티끌 가운데 부처님이라고[204] 한 것은 다시 한 가지 뜻이 있나
니[205]

말하자면 여래장이 이 진불신眞佛身이다.

그 몸이 광대하여 능히 아는 사람이 없지만 항상 육식과 칠식의
미진 경계 가운데 있나니,

낱낱 유정이 각각 이 여래장식이 있기에 그런 까닭으로 말하기를
각각 끝없는 광대한 부처님의 몸이 있다 하였다.

鈔

楞伽經云者는 上卽第一經文이라 然彼明頓義니 此는 第三藏識頓
知喩로 喩於報身頓成이라 經云호대 譬如藏識이 頓分別知自心現流
와 及身安立과 受用境界라하며 (喩) 經云호대 彼諸依佛도 亦復如是
하야 頓熟衆生의 所處境界하야 以修行者로 安處於彼色究竟天이라
하니 釋曰今疏엔 不取所喩하고 但取能喩인 藏識頓變之文이라 從器
卽廣刹下는 以楞伽經으로 配屬今經이라 上引楞伽하야 雙證三四二

---

204 작은 티끌 가운데 부처님이라고 한 것은 곧 경문 제팔구第八句에 속하는
   것이니 일체 작은 티끌 가운데 각각 끝없는 광대한 부처님의 몸이라 한
   것이다.

205 다시 한 가지 뜻이 있다고 한 등은, 강사가 말하기를 지금에 관심觀心을
   해석하는 가운데 여래장은 곧 번뇌에 얽혀 있는 여래를 잡은 것이요, 이
   위에 모습에 나아가 해석한 가운데 여래장은 곧 번뇌의 얽힘에서 벗어난
   여래를 잡은 것이다. 역시 『잡화기』의 말이다.

句니 廣刹은 卽第三句에 從現三世一切佛刹三昧門起요 舍宅은 卽
第四句니 故疏以受用二字로 配之니라 彼經但云호대 受用境界라하
니 受用有二라 一은 共業所感外諸器界니 卽如來藏識頓變이요 其宅
舍은 卽是共中不共이니 皆屬受用이라 其器一字는 乃是義引이니 欲
配二句故니라 微塵中佛은 卽觀心釋이니 廣如出現品하니라

『능가경』에 말하였다고 한 것은 이상에 인용한 것은 곧[206] 제일권의
경문[207]이다.

그러나 저 경에 사돈四頓의 뜻을 밝혔으니,

이것은 제 세 번째 장식돈지유藏識頓知喩로 보신을 문득 성취함에
비유한 것이다.

『능가경』에 말하기를 비유하자면 장식藏識이 문득 자심의 현류現流
와 그리고 몸의 안립과 수용受用의 경계를[208] 분별하여 아는 것과

---

206 이상에 인용한 것은 곧(上卽)이라 한 등은, 먼저 저 『능가경』을 거론하고
　　그 아래에 논한 바가 있는 까닭으로 도리어 먼저 거론한 바 경왈經曰이라
　　한 이상을 가리키는 것이니, 비록 상즉上卽을 차즉此卽이라 말할지라도 또한
　　옳다 하겠다. 역시 『잡화기』의 말이다.

207 제일권의 경문이라고 한 것은 칠권 『능가경』, 십권 『능가경』, 사권 『능가경』
　　중 사권 『능가경』 가운데 제일권의 경문이다.

208 수용受用의 경계라고 한 것은, 공업共業과 불공업不共業을 모두 포함하고
　　있는 것이니, 곧 소문 가운데 인용한 바 제수용諸受用이라는 글자가 다만
　　불공업에만 속한다는 것으로는 통하고 국한하는 것이 다름이 있는 것이다.
　　역시 『잡화기』의 뜻이다. 소문에 인용한 제수용이라는 글자는 영인본 화엄
　　3책, p.618, 6행에 있다. 此下 초문에 자세히 말하고 있다.

같다 하였으며(비유다),

『능가경』에 말하기를[209] 저 모든 의불依佛[210]도 또한 다시 이와 같아서 문득 중생이 거처한 바 경계를 성숙케 하여 수행자로 저 색구경천에 편안히 거처하게 한다 하였으니,

해석하여 말하면 지금 소문에서는 소유所喩는 취하지 않고 다만 능유能喩인 장식이 문득 변화한다는 문장만 취하였다.

기계는 곧 광대한 국토라고 한 것으로 좇아 아래는 『능가경』으로써 지금의 『화엄경』에 배속한 것이다.

이 위[211]에서 『능가경』을 인용하여 세 번째와 네 번째의 두 구절을 함께 증거하였으니

광대한 국토라고 한 것은 곧 제 세 번째 구절에 삼세의 일체 부처님의 국토를 나타내는 삼매문으로 좇아 일어난다고 한 것이요

사택이라고 한 것은 곧 제 네 번째 구절이니

그런 까닭으로 소문(疏)에서는 수용受用이라는 두 글자로써 배속하였다.

저 『능가경』에는 다만 말하기를 수용의 경계라고만 하였으니, 수용이 두 가지가 있다.

첫 번째는 공업共業의 감득할 바 밖에 모든 기계이니

---

209 원문에 경운經云이라고 한 두 글자는 연衍 자로 보기도 한다. 연衍 자라고 한다면 아는 것과 같아서 저 모든 의불依佛도 운운이라 번역할 것이다.
210 의불依佛이라고 한 것은 진불眞佛에 의지한 보신불과 화신불이다.
211 이 위라고 한 것은 영인본 화엄 3책, p.618, 6행이다.

곧 여래장식이 문득 변화한 것이요

그 사택²¹²은 곧 공업 가운데 불공업不共業이니

다 수용受用에 속하는 것이다.

그 기器라고 한 한 글자는 이에 뜻으로 인용한 것이니

삼三·사四의 두 구절을 배속하고자 한 까닭이다.

작은 티끌 가운데 부처님이라고 한 것이라 한 것은 곧 관심觀心으로 해석한 것이니,

폭넓게 설한 것은 여래출현품과 같다.

疏

九에 從演說一切法理趣者는 上八은 約事別別門顯거니와 此는 約理趣하야 總該諸法일새 故云一切라하니라 大般若經의 理趣分 說호대 諸法皆空하야 無生無滅하며 無自性性하며 離一切相하며 不可願求라하시고 然第一義는 湛然常住라하니 當知하라 卽是此 如來藏이니라 思益經說호대 處處避空이나 皆不離空이라하니라 深 密經說호대 理趣有六하니 一者는 眞義理趣니 謂二障淨智의 所行 眞實이요 二는 證得理趣니 謂於眞義에 得如實知요 三은 敎導理 趣니 謂自證已에 開示衆生이니 此三爲本이요 後三解釋이라 四는

離二邊理趣니 謂有問言호대 云何名爲眞義理趣고 應答彼言호대
非有非無며 非常非斷이라하나니라 五는 不思議理趣니 謂有問言호
대 云何證得고 應答彼言호대 謂不思議니 若於諸法에 遠離戲論하
면 爾時에 證得眞勝義性하리라 故知言說은 皆非眞義니라 六은
隨衆生의 所樂理趣니 謂有問言호대 云何敎導고 應答彼言호대
隨諸衆生의 意樂各異하고 順彼所欲하야 方便開示라하니 彼眞義
者는 卽此藏身이요 彼不思議는 卽此三昧니라 無著菩薩이 說四意
趣하야 釋一切經도 亦理趣也니 如攝論辯하니라

아홉 번째 일체 법의 이취를 연설[213]하는 삼매문으로 좇아 일어났다고
한 것은 이상에 여덟 구절은 사실을 잡아서 별문別門 별문으로 나타내
었거니와, 여기서는 이취理趣를 잡아서 모든 법을 다 갖추었기에
그런 까닭으로 일체라 하였다.
『대반야경』이취분에 말하기를 모든 법은 다 공하여 난 적도 없고
사라진 적도 없으며 자성인 성性도 없으며 일체의 모습을 떠났으며
가히 서원하여 구할 것도 없다 하시고, 그러나 제일의제第一義諦는
담연하여 항상 머문다 하였으니
마땅히 알아라. 곧 이것[214]은 이 여래장을 말한 것이다.
『사익범천소문경』에는 말하기를 곳곳에서 공空을 회피하지만 다
공空을 떠나지 않았다 하였다.

---

213 종지從知라고 한 지知 자는 연설演說의 잘못이다.
214 이것이란, 제일의제를 말하는 것이다.

『해심밀경』에 말하기를 이취에 여섯 가지 뜻이 있나니
첫 번째는 진실한 뜻의 이취이니,
말하자면 이장二障을 청정케 할 지혜의 행할 바 진실이요
두 번째는 증득하는 이취이니,
말하자면 진실한 뜻에 여실하게 앎을 얻는 것이요
세 번째는 가르쳐 인도하는 이취이니,
말하자면 스스로 증득한 이후에 중생에게 열어 보이는 것이니,
이 세 가지는 근본이 되고 뒤에 세 가지는 해석이 되는 것이다.
네 번째는 이변二邊을 떠난 이취이니,
말하자면 어떤 사람이 물어 말하기를 어떤 것을 이름하여 진실한
뜻의 이취라 합니까.
저 질문에 응답하여 말하기를 있는 것도 아니고 없는 것도 아니며,
영원한 것도 아니고 단멸한 것도 아니다 하였다.
다섯 번째는 사의할 수 없는 이취이니,
말하자면 어떤 사람이 물어 말하기를 어떤 것을 증득하는 이취라
합니까.
저 질문에 응답하여 말하기를 말하자면 사의할 수 없는 것이니,
만약 모든 법에 희론을 멀리 떠나면 그때에 진실로 수승한 뜻의
자성을 증득할 것이다.
그런 까닭으로 언설은 다 진실한 뜻이 아닌 줄 알아야 한다.
여섯 번째는 중생의 좋아하는 바를 따르는 이취이니,
말하자면 어떤 사람이 물어 말하기를 어떤 것을 가르쳐 인도하는
이취라 합니까.

저 질문에 응답하여 말하기를 모든 중생이 마음에 좋아하는 것이 각각 다름을 따르고 저들이 욕구하는 바를 따라 방편으로 열어 보인다 하였으니

저 『해심밀경』에 진실한 뜻이라고 한 것은 곧 여기[215]에 여래장신이라 한 것이요

저 『해심밀경』에 사의할 수 없다고 한 것은 곧 여기에 삼매라 한 것이다.

무착보살이 네 가지 의취를 설하여 일체 경전을 해석한 것도 또한 이 취이니

『섭론攝論』에서 분별한 것과 같다.

鈔

大般若下는 引敎成立이니 引三經一論이라 初引大般若는 卽第十理 趣分이니 經當第五百七十八이라 彼經序云호대 此經은 並乃藪諸會 之旨歸며 縮積篇之宗緖니 明是六百卷理趣也라 佛在他化自在天 하야 爲八十億大菩薩說이라하니라 今疏엔 義引兩節經文이니 初至 不可願求는 自爲一節이라 經云호대 爾時世尊이 復依一切無戱論法 하야 說如來之相하며 爲諸菩薩하야 宣說般若의 甚深理趣인 輪字法 門하시니 謂一切法空이니 無自性故요 一切法無相이니 離衆相故요 一切法無願이니 無所願求故요 一切法寂靜이니 永寂滅故요 一切法 無常이니 無常性故요 一切法無樂이니 非可樂故요 一切法無我이니

---

215 여기란, 『화엄경』을 말한다.

不自在故요 一切法無淨이니 離淨相故요 一切法不可得이니 推尋其
相하야도 不可得故等이라하니 釋曰此上은 顯性空理趣니라

대반야라고 한 아래는 두 번째 가르침을 인용하여 성립한 것이니
세 가지 경전과 한 가지 논을 인용하였다.
처음에 『대반야경』을 인용한 것은 곧 제 열 번째 이취분理趣分이니
경이 오백칠십팔권에 해당한다.
저 『반야경』 서문에[216] 말하기를 이 경전은 아울러[217] 이에 모든
회의 뜻이 돌아갈 것을 밝혔으며[218] 여러 편의 종취의 실마리를
맺었으니,[219]
분명 이것은 육백권의 이취이다.
부처님이 타화자재천에 있으면서 팔십억 대보살을 위하여 설한
것이다 하였다.
지금 소문에서는 뜻으로 두 절(兩節)의 경문을 인용하였으니
처음으로부터[220] 가히 서원하여 구할 것도 없다고 함에 이르기까지는
자연스레 일절一節이 되는 것이다.

---

216 저 『반야경』 서문이라고 한 것은 서명사西明寺 현즉玄則스님이 지은 『반야경』
   서문이다.
217 병並 자는 개蓋 자가 아닌가 한다. 『잡화기』는 개蓋 자의 잘못이라 하였다.
218 覈은 핵실할 핵 자이니 사실을 조사하여 밝힌다는 뜻이다.
219 綰은 맬 관 자이다.
220 처음으로부터 운운은 제일절이고, 그러나 제일의제 운운은 제이절이다.
   처음이라고 한 것은 모든 법은 다 공하다 운운한 것이다.

그 경에 말하기를 그때에 세존이 일체 희론이 없는 법을 의지하여
여래의 모습을 설하시며[221] 모든 보살을 위하여 반야의 깊고도 깊은
이취의 륜자輪字 법문을 선설하시니,

말하자면 일체 법은 공이니 자성이 없는 까닭이요

일체 법은 상相이 없나니 모든 상을 떠난 까닭이요

일체 법은 서원이 없나니 서원하여 구할 바가 없는 까닭이요

일체 법은 고요하나니 영원히 적멸한 까닭이요

일체 법은 상常이 없나니 영원한 성품이 없는 까닭이요

일체 법은 낙樂이 없나니 가히 즐거울 수 없는 까닭이요

일체 법은 아我가 없나니 자재할 수 없는 까닭이요

일체 법은 정淨이 없나니 청정한 모습을 떠난 까닭이요

일체 법은 가히 얻을 수 없나니 그 모습을 미루어 찾아보아도 가히
얻을 수 없는 까닭이다 한 등이니,

해석하여 말하면 이 위에는 자성이 공한 이취를 나타낸 것이다.

然第一義者는 義引彼經하야 顯眞實理하야 而爲理趣니 若唯用前인
댄 非眞趣故라 故彼經云호대 爾時世尊이 復依一切住持藏法한 如來

---

221 여래의 모습을 설한다고 한 그 설說 자는 연자衍字가 아닌지, 연자衍字라면
희론법이 없는 여래의 모습을 의지하여라고 해석해야 한다. 아래 영인본
화엄 3책, p.623, 6행 여기로부터 7행 뒤에 저 『반야경』에 말하기를 그때
세존이 다시 <u>일체 법장에 주지한 여래의 모습을 의지하여</u> 모든 보살을
위하여 반야를 선설하신다 운운한 저 경문을 의지하면 인지가 가능하다
하겠다.

之相하야 爲諸菩薩하야 宣說般若하사대 一切有情이 住持遍滿甚深
理趣의 勝藏法門케하시니 謂一切有情이 皆如來藏이니 普賢菩薩의
自體遍故요 一切衆生이 皆金剛藏이니 以金剛藏이 所灌洒故요 一切
衆生이 皆正法藏이니 一切皆依正語轉故요 一切衆生이 皆妙業藏이
니 一切事業이 加行依故라하니 釋曰前明有法非有하시고 後明無法
不無하시니 非有非無가 是中道理趣니라 故疏結云호대 當知하라 卽
是此如來藏이라하니 亦空不空의 二種之藏이며 又攝別從總이니 卽
藏身三昧之所有也니라

그러나 제일의제[222]라고 한 것은 뜻으로 저 『대반야경』을 인용하여
진실한 이치를 나타내어 이취를 삼았으니,
만약 오직 앞의 말[223]만 인용한다면 진실한 이취가 아닌 까닭이다.
그런 까닭으로 저 『대반야경』에 말하기를 그때에 세존이 다시 일체
장법藏法에 주지住持한 여래의 모습을 의지하여 모든 보살을 위하여
반야를 선설하시되 일체유정[224]이 깊고도 깊은 이취의 승장법문勝藏
法門에 주지住持하고 변만케 하시니,
말하자면 일체유정이 다 여래장이니 보현보살의 자체가 두루한
까닭이요

---

222 원문에 제이의第二義라고 한 것은 제일의第一義의 잘못이고, 그리고 여기에
　그러나 제일의라고 한 아래는 앞에서 말한 것처럼 제이절이다.
223 앞의 말이라고 한 것은 모든 법은 다 공하여 난 적도 없고 사라진 적도
　없다 운운한 것이니, 총으로 말하면 앞이란 제일절이다.
224 일체유정이란, 여기서는 일체보살을 말한다 하겠다.

일체중생이 다 금강장이니 금강장 보살이 이마에 물을 뿌리는[225] 바인 까닭이요

일체중생이 다 정법장이니 일체가 다 바른 말씀을 의지하여 굴러가는 까닭이요

일체중생이 다 묘업장이니 일체 사업이 가행加行을 의지하는[226] 까닭이다 하였으니

해석하여 말하면 앞에서는 유법有法이 있지 아니함을 밝히시고 뒤에서는 무법無法이 없지 아니함을 밝히시니,

있지도 않고 없지도 않는 것이 이 중도의 이취이다.

그런 까닭으로 소문에서 맺어 말하기를 마땅히 알아라. 곧 이것은 여래장을 말한 것이다 하였으니

또한 공과 불공의 두 가지 장藏이며, 또 별別을 섭수하여 총總을 좇은 것이니

곧 여래장신 삼매의 소유이다.

思益經下는 卽彼經第一이니 時有五百比丘하야 聞說法空하고 從座起去等이라하니라 網明이 令思益梵天으로 爲作方便하라 云云하니 梵天言호대 善男子야 縱使令去하야 至恒河沙劫이라도 不能得出如是法門이라 譬如癡人이 畏於虛空하야 捨空而走나 在所至處하야 不離

---

225 洒는 뿌릴 쇄 자이다.

226 일체 사업이 가행을 의지한다고 한 것은, 『잡화기』에 말하기를 곧 묘업장은 능히 의지하는 것이 되고, 의지한다고 한 것은 곧 일체중생이니 의지하는 바가 된다 하였다.

虛空인달하야 此諸比丘도 亦復如是하야 雖復遠去나 不出空相하며
不出無相相하며 不出無作相하니라 又如一人이 求索虛空하야 東西
馳走言호대 我欲得空이며 我欲得空이라하면 是人은 但說虛空名字
하고 而不得空하며 於空中行이나 而不見空인달하야 此諸比丘도 亦復
如是하야 欲求涅槃하야 行涅槃中이나 而不得涅槃이라 所以者何오
涅槃者는 但有名字니 猶如虛空이 但有名字하고 不可得取인달하야
涅槃亦爾하야 但有名字하고 而不可得이라 爾時에 五百比丘가 聞說
是經하고 不受諸法하야 漏盡心得解脫하야 得阿羅漢道하고 作如是
言호대 世尊이시여 若人이 於諸法의 畢竟滅相中에 求涅槃者인댄 則
於其人엔 佛不出世라하니 釋曰上經에 有二意하니 一에 不離空은 以
有遣空이요 求空不得은 以空遣空이라 二에 不離空은 顯空體妙有요
求空不得은 顯空離相이니 非有非空이며 亦非空非不空이어늘 而諸
比丘는 但得初意일새 故成羅漢하야 令畢竟無求케하니라 今疏엔 通
用二意하야 皆爲理趣하대 略引初喩하야 以彰體周하야 爲眞意趣하
니라

『사익범천소문경』이라고 한 아래는 곧 저 『사익경』 제일권이니,
그때에 오백 비구가 있어 법이 공하다고 설함을 듣고 자리를 좇아
일어나 간다고 한 등이다 하였다.
망명보살이 사익범천으로 하여금 저들을 위하여 방편을 지으라
운운云云하니
범천이 말하기를 선남자야, 비록 하여금 떠나가 항하사 세월에
이르게 할지라도 능히 이와 같은 법문을 설출함을 얻을 수 없다.

비유하자면 어리석은 사람이 허공을 두려워하여 허공을 버리고
달아났지만 이르는 바 곳이 있어서 허공을 떠날 수 없는 것과 같아서,
이들 모든 비구도 또한 다시 이와 같아서 비록 다시 멀리 떠나갔지만
공의 모습(空相)을 벗어나지 못하였으며

모습이 없는 모습(無相相)을 벗어나지 못하였으며

조작이 없는 모습(無作相)을 벗어나지 못하였다.

또 마치 어떤 한 사람이 허공을 구하고 찾아 동서로 치달려 말하기를
나는 허공을 얻고자 하며 나는 허공을 얻고자 한다 하면 이 사람은
다만 허공의 이름만 말하고 있을 뿐 허공을 얻을 수 없으며 허공
가운데를 가고 있지만 허공을 볼 수 없는 것과 같아서, 이들 모든
비구도 또한 다시 이와 같아서 열반을 구하고자 하여 열반 가운데를
가고 있지만 열반을 얻을 수 없다.

무슨 까닭인가.

열반이라는 것은 다만 이름만 있을 뿐이니

비유하자면 허공이 다만 이름만 있을 뿐 가히 얻어 취할 수 없는
것과 같아서, 열반도 또한 그러하여 다만 이름만 있을 뿐 가히
얻을 수 없다.

그때에 오백 비구가 이 경을 설함을 듣고 모든 법을 받지 않아[227]
번뇌의 누수가 다하여 마음에 해탈을 얻어 아라한도를 얻고 이와
같은 말을 지어 말하기를 세존이시여, 만약 어떤 사람이 모든 법이

---

227 모든 법을 받지 않는다고 한 등은, 『잡화기』에 말하기를 모든 법을 받지
　　않고도 그 번뇌의 누수가 이미 다한 것을 말하는 것이다 하였다.

필경에 사라지는 모습 가운데서 열반을 구하려고 한다면 곧 그 사람에게는 부처님이 세상에 나오시지 않을 것입니다[228] 하였으니, 해석하여 말하면 이상의 경에 두 가지 뜻이 있나니

첫 번째 허공을 떠날 수 없다고[229] 한 것은 유로써 공을 보내는[230]

---

228 부처님이 세상에 나오시지 않을 것이라 한 것은, 그 비구의 뜻은 말하자면 이미 필경에 사라지는 모습이라고 하였다면 곧 가히 저 가운데 취구하는 바가 있지 않아야 할 것이어늘, 만약 사람이 저 가운데 허망하게 취구하는 마음을 일으킨다면 이것은 부처님도 또한 저를 구제함을 얻을 수 없을 것입니다 하기에 그런 까닭으로 부처님이 세상에 나오시지 않을 것입니다 한 것이니, 곧 공으로써 공을 보내는 것이다. 그런 까닭으로 이 비구는 다만 한 가지 뜻만 얻은 것인 줄 알아야 할 것이다. 강사가 말하기를 이 비구는 다만 처음에 뜻(유로써 공을 보내는 뜻)만 얻고 다시 나아가 구하지 않는 까닭으로 그 말이 이와 같나니, 말하자면 이미 사라지는 모습을 얻고 만약 그 가운데 다시 열반을 구한다면 이와 같은 것은 능히 제도의 일을 이미 마쳐 다시 가히 제도할 것이 없기에 그런 까닭으로 부처님이 세상에 나오시지 않을 것입니다 한 것이니, 그 뜻은 이미 사라지는 모습을 얻었다면 따로 가히 구할 것이 없음에 있다 하니, 어리석은 나는 그 말을 취하지 않는 바이다. 이상은 다 『잡화기』의 말이다.

229 첫 번째 허공을 떠날 수 없다고 한 것은 바로 위에 『사익범천경』 가운데 허공을 떠날 수 없다고 한 말이니 7행 앞(영인본 화엄 3책, p.624, 9행)에 있다.

230 유로써 공을 보낸다고 한 것은 마땅히 공으로써 유를 보낸다 할 것이요, 바로 아래 공의 공으로써 공을 보낸다고 한 것은 공도 또한 공한 것이라 하여 저 공도 보내는 것을 말하는 것이니 위에 공은 곧 보낼 바 병이고, 아래 공은 곧 능히 보내는 약이다. 역시 『잡화기』의 말이나 공공이라는 두 글자를 살려 해석하였다.

것이요

허공을 구하지만 얻을 수 없다고 한 것은 공으로써 공을 보내는[231] 것이다.

두 번째 허공을 떠날 수 없다고 한 것은 공의 자체가 묘유妙有임을 나타내는 것이요

허공을 구하지만 얻을 수 없다고 한 것은 공이 상相을 떠났음을 나타내는 것이니,

유有도 아니고 공空도 아니며 또한 공도 아니고 불공不空도 아니거늘,[232] 그러나 모든 비구는 다만 초의初意[233]만을 얻었기에 그런 까닭으로 아라한을 이루어 하여금 필경에 구할 것이 없게 하는 것이다.

지금 소문에서는 두 가지 뜻[234]을 모두 사용하여 다 이취를 삼되 간략하게 초의初意에 비유[235]를 인용하여 자체가 두루함을 밝혀 진실

---

231 원문에 공공空空이라 한 아래 공空 자는 없는 것이 좋다. 즉 공으로써 공을 보내는(以空遣空) 것이다. 그러나 공 자를 그대로 둔다면 8행 앞에 허공을 얻을 수 없다 한 그 공과 7행 앞에 허공을 볼 수 없다 한 그 공을 빌려 쓴 것이라 할 수 있겠다. 『잡화기』는 공공을 그대로 두고 해석하였다. 바로 위에 유로써 공을 보낸다고 한 주석에 이미 말하였다.

232 유有도 아니고 공空도 아니라고 한 것은 첫 번째 뜻을 맺는 것이고, 바로 아래 공도 아니고 불공不空도 아니라고 한 것은 제 두 번째 뜻을 맺는 것이니 가히 알 수 있을 것이라고 『잡화기』는 말한다.

233 초의初意라고 한 것은 『사익범천경』의 두 가지 뜻 가운데 처음에 뜻이다.

234 두 가지 뜻이라고 한 것은 『사익범천경』의 두 가지 뜻이다.

235 초의初意에 비유란 영인본 화엄 3책, p.624, 8행에 비유하자면 어리석은 사람이 허공을 두려워하여 운운이다.

한 의취를 삼았다.

深密經者는 卽第五經의 如來所作事品에 爲文殊說이니 其第六事
도 亦名意趣며 亦名理趣라 卽今所引은 而但列名하고 不別解釋거니
와 今疏已略釋하니라 疏中有二하니 先은 引經正釋이니 六理趣義는
在文可知니라 彼眞義下는 後에 會釋經文이라 而但釋二者는 由前六
中에 前三爲本이요 後三解釋이니 則以三攝三이라 今以眞義로 攝於
第四는 卽以前攝後요 以不思議로 攝其第二는 卽以後攝前이라 以眞
義는 直擧藏身之體요 不思議는 正同三昧之相이니 故로 十地論釋호
대 所以金剛藏이 入三昧者는 顯此法非思量境故라하니라 其第三與
六은 卽是利他이니 後에 普賢說法이 是此二趣라 今言出定일새 故略
不言하니라

『해심밀경』이라고 한 것은 곧 제오경의 여래 소작사품에 문수를
위하여 설한 것이니,
제 여섯 번째 사실[236]도 또한 이름이 의취意趣며
또한 이름이 이취理趣이다.
곧 지금에 인용한 바는 다만 이름만 열거하고 따로 해석은 하지
않았거니와, 지금 소문에서는 이미 간략하게 해석하였다.
소문 가운데 두 가지가 있나니

---

[236] 제 여섯 번째 사실이라고 한 아래는 의취와 이취의 관계를 설명하는 것이니
제 여섯 번째는 중생이 좋아하는 바 이취를 따르는 것이다. 또한 이름이
의취라고 한 것은 바로 앞에 진실한 의취라 하였기에 하는 말이다.

먼저는 경을 인용하여 바로 여섯 가지 이취를 해석한 것이니 여섯 가지 이취의 뜻은 경문에 있기에 가히 알 수가 있을 것이다.

저 『해심밀경』에 진실한 뜻이라고 한 아래는 뒤에 경문을 회석한 것이다.

그러나 다만 두 가지로 회석한 것은[237] 앞에 여섯 가지 가운데 앞에 세 가지는[238] 근본이 되고 뒤에 세 가지는 해석이 된다고 한 것을 인유한 것이니,

곧 세 가지로써 세 가지를 섭수한 것이다.

지금에 첫 번째 진실한 뜻으로써 제 네 번째를 섭수한 것은 곧 앞으로써 뒤를 섭수한 것이요

다섯 번째 사의할 수 없는 뜻으로써 제 두 번째를 섭수한 것은 곧 뒤로써 앞을 섭수한 것이다.

진실한 뜻은 바로 여래장신의 자체를 거론한 것이요

사의할 수 없는 뜻은 바로 삼매의 모습과 같나니,

그런 까닭으로 『십지론』에 해석하기를 그런 까닭으로 금강장이 삼매에 들어갔다고 한 것은 이 법이 사량의 경계가 아님을 나타내는

---

237 두 가지로 회석한 것이라고 한 것은 저 『해심밀경』의 진실한 뜻은 여기 『화엄경』의 여래장신 삼매이고, 저 『해심밀경』의 사의할 수 없는 뜻은 여기 『화엄경』의 삼매이다.

238 여섯 가지 가운데 앞에 세 가지라고 한 것은 소문에 『해심밀경』의 말로써 이취가 여섯 가지가 있다 하였음을 참고할 것이다. 영인본 화엄 3책, p.621, 2행 이하이다.

까닭이다 하였다.

그 제 세 번째와 더불어 제 여섯 번째는[239] 곧 이타利他이니
뒤에 보현보살의 설법이 이 두 가지 이취이다.

지금에는 삼매에서 나온 것을 말하기에 그런 까닭으로 생략하고
말하지 않는다.

無著菩薩者는 但指攝論이라 而雜集第二와 莊嚴論第十三도 皆同
說四니 一은 平等意趣니 謂如佛說호대 我昔에 曾於彼時之中에 名毘
婆尸(卽名勝觀正等覺者)라하니 無性釋云호대 謂一切佛이 由資糧等
이 互相似故로 說彼卽我언정 非昔毘婆尸이 卽今釋迦라하니라 楞伽
經中에 約四義釋호대 一은 字等이요 二는 語等이요 三은 身等이요
四는 法等이라하니 故說卽彼언정 而實非彼니라 二는 別時意趣니 謂
如說言호대 若但頌多寶如來名者라도 便於無上正等菩提에 已得決
定하며 又由唯發願이라도 便得往生極樂世界라하니 無性釋云호대
謂觀懈怠하야 不能於法에 精勤學者일새 故作是言이니 此意는 長養
先時善根이 如世間說호대 但由一錢하야 而得於千이라하니라 解云
以後別時에 而得彼千也니 以一錢은 爲千錢因이요 念佛은 爲菩提因
이요 發願은 爲安樂因也라 三은 別義意趣니 謂如說言호대 若已逢事
爾所殑伽沙佛인댄 於大乘法에 方能解義라하니 無性釋曰호대 意約
證相大乘이요 不就敎相大乘일새 故作是說이라하니라 四는 補特伽

239 그 제 세 번째라고 한 등은, 제 세 번째는 교도이취敎導理趣이고, 제 여섯
번째는 수중생소락이취隨衆生所樂理趣이다.

羅意樂意趣니 謂如如來가 先爲一人하야 讚歎布施하시고 後還毀者
는 隨此人이 得成何心故니라 若人於財物에 有慳悋心인댄 爲除此心
하야 先爲讚施하시고 若樂行施인댄 施是下善이라하야 欲令渴仰餘勝
行故로 所以毀之어늘 不達言違나 皆佛別意趣耳니라 餘行例然이라
하니 今明普賢이 亦善窮究니라

무착보살이라고 한 것은 다만 『섭론』만을 가리킨 것이다.
그러나 『잡집론』제이권과 『장엄론』제십삼권도 다 같이 네 가지
의취를 설하였나니
첫 번째는 평등한 의취이니,
말하자면 부처님이 말씀[240]하시기를 내가 옛날에 일찍이 저 시절
가운데 이름이 비바시불이다(곧 승관 정등각자勝觀正等覺者라 이름한
다)[241] 하였으니,
무성이 해석하여[242] 말하기를 말하자면 일체 부처님이 자량資糧 등이
서로서로 흡사함을 인유한 까닭으로 저 비바시불이 곧 나라고 말하
였을지언정 옛날에 비바시불이 곧 지금에 내 석가라는 것은 아니다

---

240 여설如說 下에 『잡화기』는 언言 자가 빠졌다고 하였다. 없다 해도 뜻은
　　변함없다. 그러나 영인본 화엄 3책, p.628, 5행에는 "위여설언"이라 하여
　　언言 자가 있다.
241 원문에 즉명승관정등각자卽名勝觀正等覺者라고 한 말은 고래로 주註로 보라
　　하였다. 그 이유는 비바시불을 번역하면 승관勝觀이기에 그렇다. 그러나
　　대만본 등에는 주註로 되어 있지 않다. 나는 (　)하여 주석으로 처리하였다.
242 무성이 해석한 것이라고 한 것은 『무성섭론』제오권이다.

하였다.

『능가경』 가운데 네 가지 평등한 뜻을 잡아 해석하기를

첫 번째는 명자가[243] 평등한 것이요

두 번째는 말이 평등한 것이요

세 번째는 몸이 평등한 것이요

네 번째는 법이 평등한 것이다 하였으니,

그런 까닭으로 곧 저 비바시불이라고 말하였을지언정 실로는 저 비바시불이 아니다.

두 번째는 별시別時의 의취이니,

말하자면 저 부처님이 설하여 말씀하시기를 만약 다만 다보여래의 이름만 외울지라도 문득 무상정등보리에 이미 결정을 얻은 것이며 또 오직 발원만 인유할지라도 문득 극락세계에 왕생함을 얻는다 하였으니

무성이 해석하여 말하기를 말하자면 게을러서 능히 저 법에 정진하여 부지런히 배우지 않는 사람을 관찰[244]하였기에 그런 까닭으로 이런 말을 한 것이니,

이 뜻은 선세 시절에 선근을 장양한 것이 마치 세간에서 말하기를 다만 일전一錢을 인유하여 천전千錢을 얻는다고 한 것과 같다 하였다.

해석하여 말하면[245] 뒤에 다른 때에 저의 천전千錢[246]을 얻을 것이니

---

243 명자(字)가 평등하다고 한 것은, 『잡화기』에 말하자면 명名 자가 서로 평등(같다)한 것이니 아래 여래의 열 가지 이름과 같은 것이 이것이다 하였다.

244 관觀 자는 권勸 자의 잘못이라고 『잡화기』는 말한다.

245 해석하여 말하면(解云)이라고 한 것은 청량스님의 해석이다.

일전은 천전의 원인이 되고, 염불은 보리의 원인이 되고, 발원은 안락의 원인이 되는 것이다.

세 번째는 별의別義의 의취이니,

말하자면 저 부처님이 설하여 말씀하시기를 만약 이미 그곳에서 항하사 부처님을 만나 섬겼다면 대승의 법에 바야흐로 능히 뜻을 알 것이다 하였으니

무성이 해석하여[247] 말하기를 그 뜻은 증상대승[248]을 잡은 것이고, 교상대승에 나아간 것이 아니기에 그런 까닭으로 이런 말을 한 것이다 하였다.

네 번째는 보특가라[249] 의락意樂의 의취이니,

말하자면 저 여래가 먼저 한 사람을 위하여 보시를 찬탄하시고 뒤에 도리어 훼책하신[250] 것은 이 사람이 어떤 마음을 얻어 이루었는가를 따르는 까닭이다.

만약 사람이 재물에 아끼는 마음이 있다면 이 마음을 제거하기

---

246 저의 천전千錢이라 한 저(彼)는 일전一錢을 말하는 것이다.

247 무성이 해석한 것이라고 한 것은 역시 『무성섭론』 제오권이다.

248 그 뜻은 증상대승이라고 한 것은, 『잡화기』에 말하자면 저 무성이 대승을 해석하는 뜻의 말이 말은 비록 총이지만 뜻은 곧 증득한 이취理趣의 모습을 따로 잡은 것이고, 교를 의지한 모습을 취한 것이 아니니 그런 까닭으로 세 번째는 별의의 의취라 한다 하였다.

249 보특가라는 삭취취數取趣라 번역한다. 유정有情의 아我를 말하는 것으로 육취에 자주 왕래하기에 삭취취라 하는 것이다.

250 뒤에 도리어 훼책한다고 한 것은 부처님이 뒤에 가서는 보시는 하선下善이라고 훼책한다는 것이다.

위하여 먼저 보시를 찬탄하시고,

만약 보시 행하기를 좋아한다면 보시는 이 하선下善이라 하여 하여금 나머지 수승한 행²⁵¹을 갈망하게 하고자 하는 까닭으로 그 사람을 훼책하는 바거늘,

사람들이 요달하지 못하여 어긴다고 말하지만²⁵² 다 부처님의 또 다른 의취이다.

나머지 행도 예가 그러하다 하였으니,

지금에는 보현보살이 또한 이 이취를 잘 궁구한 것을 밝힌 것이다.

疏

上來九句에 唯第三四는 從現得名이요 餘七은 皆從所知立稱이라 如此等類가 有一切世界海微塵數어니와 合爲一定이니 卽知此定 이 是一切定耳니라

상래의 아홉 구절에 오직 세 번째와 네 번째는 나타내는 것으로 좇아 삼매의 이름을 얻은 것이요

나머지 일곱 구절은 다 아는 바로 좇아 삼매의 이름을 세운 것이다.

---

251 나머지 수승한 행이라고 한 것은 보시 밖에 나머지 오바라밀을 말하는 것이다.

252 요달하지 못하여 어긴다고 말하지만이라고 한 것은, 『잡화기』에 말하자면 부처님이 훼책하고 찬탄하는 것이 각각 그 이유가 있거늘, 세상 사람들이 그 뜻을 요달하지 못한 까닭으로 도리어 부처님의 말씀이 앞뒤가 어김이 있다고 말한다 하였다.

이와 같은 등의 유형이 일체 세계의 바다에 작은 티끌 수같이 있거니
와 그것을 합하여 한 삼매를 삼나니,

곧 이 한 삼매가 이 일체 삼매인 줄 알아야 할 것이다.

經

普賢菩薩이 從如是等의 三昧門起時에

보현보살이 이와 같은 등 삼매문을 좇아 일어날 때에

疏

二에 普賢下는 大衆得益이라 初는 標益時分이니 亦是得益所由라

두 번째 보현보살이라고 한 아래는 대중이 이익을 얻는 것이다.
처음에는 이익의 시간(時分)을 표한 것이니
또한 이익을 얻는 까닭이다.

經

其諸菩薩이 一一各得 世界海微塵數三昧海雲과 世界海微塵
數陀羅尼海雲과 世界海微塵數諸法方便海雲과 世界海微塵
數辯才門海雲과 世界海微塵數修行海雲과

그 모든 보살이 낱낱이 각각 세계의 바다에 작은 티끌 수만치
많은 삼매의 바다에 구름과
세계의 바다에 작은 티끌 수만치 많은 다라니의 바다에 구름과
세계의 바다에 작은 티끌 수만치 많은 제법諸法 방편의 바다에
구름과
세계의 바다에 작은 티끌 수만치 많은 변재문의 바다에 구름과
세계의 바다에 작은 티끌 수만치 많은 수행의 바다에 구름과

疏

後에 其諸下는 正明得益이니 減數說九이라 初五는 得菩薩法門이
니 句各一義라 皆以前定에 含此諸義故라 又此五句는 後後成前
前이라

뒤에 그 모든 보살이라고 한 아래는 바로 이익 얻음을 밝힌 것이니
감수減數로 아홉 구절을 설하였다.
처음에 다섯 구절은 보살의 법문을 얻은 것이니
구절마다 각각 한 가지 뜻이다.

모두 다 앞의 삼매에 이 모든 뜻을 포함한 까닭이다.

또 이 다섯 구절은 뒤에 뒤에 구절이 앞에 앞에 구절을 연성하고
있다.

經

世界海微塵數普照法界에 一切如來의 功德藏하는 智光明海雲
과 世界海微塵數一切如來의 諸力智慧가 無差別한 方便海雲과
世界海微塵數一切如來의 一一毛孔中에 各現衆刹海雲과 世
界海微塵數一一菩薩이 示現從兜率天宮으로 下生成佛하고 轉
正法輪하며 般涅槃等海雲하니

세계의 바다에 작은 티끌 수만치 많은 법계에 일체 여래의 공덕
창고를 널리 비추는 지혜 광명의 바다에 구름과
세계의 바다에 작은 티끌 수만치 많은 일체 여래의 모든 힘의
지혜253가 차별이 없는 방편의 바다에 구름과
세계의 바다에 작은 티끌 수만치 많은 일체 여래의 낱낱 털구멍에
각각 수많은 국토를 나타내는 바다에 구름과
세계의 바다에 작은 티끌 수만치 많은 낱낱 보살이 도솔천궁전으로
좇아 하생하여 성불하고 정법의 바퀴를 굴리며 열반에 들어가는
등을 시현하는 바다에 구름을 얻었나니

疏

後四는 得佛果法이니 卽如來三業이라 一은 得照藏身之實智요

---

253 원문에 제력지혜諸力智慧란, 청량淸凉스님은 소문疏文에서 역용지권지力用
之權智라 하였으니, 제력諸力의 지혜이다.

二는 得藏身의 力用之權智요 三은 身毛現刹이요 四는 應垂八相이
나 義兼口轉이니 亦以藏身이 含此義故라 普賢出定에 他人益者는
感應道交故라 如春萌芽가 陽氣久滿일새 東風一拂하면 衆藥齊
敷인달하야 諸菩薩衆도 積善已深하고 久同行願일새 纔觀勝境하
면 萬德頓圓하나니 冥顯雙資어늘 于何不可리요

뒤에 네 구절은 부처님의 과법을 얻은 것이니
곧 여래의 삼업이다.
첫 번째는 여래장신을 비추는 진실한 지혜를 얻은 것이요
두 번째는 여래장신의 힘에 작용의 방편 지혜를 얻은 것이요
세 번째는 여래장신의 털구멍에 국토를 나타냄을 얻은 것이요
네 번째는 팔상八相을 응대하여 내림[254]을 얻은 것이지만 그 뜻은
입으로 전轉함을 겸하였나니,
또한 여래장신이 이 뜻을 포함한 까닭이다.[255]

보현보살이 삼매에서 나옴에 다른 사람이 이익을 얻는 것은 감응하
는 도가 서로 사무치는 까닭이다.

---

254 응대하여 내린다고 한 것은 신업身業이고, 바로 아래 입으로 전한다고 한
    것은 구업口業이다.
255 또한 여래장신이 이 뜻을 포함한 까닭이라고 한 것은, 『잡화기』에 처음에
    다섯 구절(영인본 화엄 3책, p.630, 3행 初五라 한 것)은 앞의 삼매에 이 모든
    뜻을 포함한 까닭이라고 한 것(영인본 화엄 3책, p.630, 4행)을 상대한 것이다
    하였다.

마치 봄에 싹이 양기가 오래도록 가득하였기에 동풍이 한번 불면 수많은 꽃술이 가지런히 피는 것과 같아서, 모든 보살 대중도 선행을 쌓은 지가 이미 깊고 오래도록 다 서원256을 행하였기에 겨우 수승한 경계를 보면 만덕이 문득 원만하여지나니,

숨은 것과 나타난 것이 함께 도우거늘 어찌 옳지 않겠는가.

鈔

冥顯雙資者는 謂宿善은 爲冥資니 以暗成故요 現業은 爲顯資니 事昭著故라 今當俱句니 亦有冥而非顯은 但有宿善故요 復有顯而非冥은 現身精勤이나 宿無善故라 其非冥非顯은 此非機感이니 設欲成機인댄 乃是大悲의 通相所被니라 此上四句는 但約於機어니와 對機說應인댄 亦有四句라 一은 冥應이니 令所得功德으로 不自覺知요 二는 顯應이니 現形說法하고 光照現相等이요 三은 俱요 四는 俱非니 俱非는 不名爲應거니와 若取大聖無心하야 卽應無應인댄 亦得名應이리라 以機對應인댄 乃成九句니 謂一은 冥機顯應이요 二는 顯機冥應이요 三은 冥機冥應이요 四는 顯機顯應이니 上單四句라 二는 單複相對인댄 復成四句니 一은 冥機冥顯應이요 二는 顯機冥顯應이요 三은 冥顯機冥應이요 四는 冥顯機顯應이라 三은 以複對複인댄 復成一句니 謂冥顯二機가 感冥顯二應이니 今此는 乃成第九句也라 謂宿善冥著하고 精心顯彰은 是謂冥顯機也요 入定冥資하고 起用顯益은 卽

---

256 원문에 동원同願이라 한 동同 자를 혹 용用 자라 하기도 하지만 동同 자도 허물이 없다 하겠다.

冥顯應也라 今擧冥顯之機하야 成前得益일새 故云호대 冥顯雙資어
늘 于何不可리요하니라

숨은 것과 나타난 것이 함께 도운다고 한 것은 말하자면 숙세의
선근은 숨어서 도우는[257] 것이 되나니 그윽이 이루게 하는 것이요
현재의 업은 나타나 도우는[258] 것이 되나니 사실이 밝게 나타난
까닭이다.
지금에는 구구俱句[259]에 해당하나니
또한 숨어서 도우는 것만 있고 나타나 도우는 것이 없는 것은 다만
숙세의 선근만 있는 까닭이요
다시 나타나 도우는 것만 있고 숨어서 도우는 것이 없는 것은 현신現身
으로 정진을 부지런히 하지만 숙세의 인연이 없는 까닭이다.
숨어서 도우는 것도 없고 나타나 도우는 것도 없는[260] 것은 이것은
근기를 감응할 수 없나니,
만약 근기를 성취코자 한다면 이에 대비 신통의 모습으로 가피하여
야 할 바이다.
이 위에 네 구절은 다만 근기만을 잡은 것이어니와
근기를 상대하여 응함을 설한다면 또한 네 구절이 있다.

---

257 숨어서 도우는 것은 제일구이다.
258 나타나 도우는 것은 제이구이다.
259 구구俱句는 제삼구이니 숨어서 도우고 나타나서 도우는 것이다.
260 숨어서 도우는 것도 없고 나타나 도우는 것도 없다고 한 것은 제 네 번째
　　구비구俱非句이니 명현冥顯이 구비俱非이다.

첫 번째는 숨어서 응하는 것이니,

얻은 바 공덕으로 하여금 스스로 깨달아 알지 못하게 하는 것이요

두 번째는 나타나 응하는 것이니,

형상을 나타내어 법을 설하고 광명으로 비추어 모습을 나타내는 등이요

세 번째는 숨어서 응하는 것과 나타나 응하는 것이 함께 있는 것이요

네 번째는 숨어서 응하는 것과 나타나 응하는 것이 함께 없는 것이니

함께 없는(俱非) 것은 응한다 이름할 수 없거니와, 만약 대성인이 무심코 곧 응하되 응함이 없는 것을 취한다면 또한 응한다 이름함을 얻을 것이다.

근기로써 응함을 상대한다면 이에 아홉 구절을 이루나니

말하자면 첫 번째는 숨어 있는 근기에 나타나 응하는 것이요

두 번째는 나타나 있는 근기에 숨어서 응하는 것이요

세 번째는 숨어 있는 근기에 숨어서 응하는 것이요

네 번째는 나타나 있는 근기에 나타나 응하는 것이니

이상은 단수 사구四句이다.

두 번째는 단수와 복수가 상대한다면 다시 사구四句를 이루나니

첫 번째는 숨어 있는 근기에 숨기도 나타나기도 하여 응하는 것이요

두 번째는 나타나 있는 근기에 숨기도 나타나기도 하여 응하는 것이요

세 번째는 숨기도 나타나기도 한 근기에 숨어서 응하는 것이요

네 번째는 숨기도 나타나기도 한 근기에 나타나 응하는 것이다.

세 번째는 복수로써 복수를 상대한다면 다시 일구一句를 이루나니 말하자면 숨고 나타난 두 근기가 숨고 나타난 두 응함을 감득하는 것이니,

지금 여기는 제 아홉 번째 구절[261]을 이루는 것이다.

말하자면 숙세의 선근이 숨어서 나타나고 정진하는 마음이 나타나 밝은 것은 이것은 숨고 나타난 근기를 말하는 것이요

삼매에 들어가 숨어서 도우고 작용을 일으켜 나타나 이익케 하는 것은 곧 숨고 나타나 응하는 것이다.

지금에는 숨고 나타난 근기를 거론하여 앞[262]에 이익 얻은 것을 성립하기에 그런 까닭으로 말하기를 숨은 것과 나타난 것이 함께 도우거늘 어찌 옳지 않겠는가 하였다.

---

261 제 아홉 번째 구절은 바로 앞에 세 번째 일구一句이다.
262 앞이라고 한 것은 영인본 화엄 3책, p.630, 3행이다.

經

如此世界中에 普賢菩薩이 從三昧起에 諸菩薩衆이 獲如是益하
야 如是一切世界海와 及彼世界海에 所有微塵의 一一塵中에도
悉亦如是하니라

이 세계 가운데 보현보살이 삼매로 좇아 일어남에 모든 보살 대중이
이와 같은 이익을 얻는 것과 같아서 이와 같이 일체 세계의 바다와
그리고 저 세계의 바다에 있는 바 작은 티끌 수 세계의 낱낱 티끌
세계 가운데도 다 또한 이와 같이 이익을 얻었습니다.

疏

二에 如此下는 類通이니 可知라

두 번째 이 세계 가운데 이와 같은 이익을 얻는 것과 같다고 한
아래는 비류하여 통석한 것이니
가히 알 수가 있을 것이다.

經

爾時에 十方一切世界海가 以諸佛威神力과 及普賢菩薩三昧
力故로 悉皆微動하며

그때에 시방의 일체 세계의 바다가 모든 부처님의 위신력과 그리고
보현보살의 삼매력인 까닭으로 다 미동하며

疏

第四에 爾時下는 現相作證分이라 然得益心喜하고 喜則地動하며
及有諸瑞니라 諸會는 聞竟得益일새 故現相居後어니와 此會는 雖
卽未聞이나 已先得益일새 故先現瑞하니 以此會辨果하야 顯殊勝
故니라 文中有四하니 一은 世界微動하고 兼出瑞因하니 由因果二
力이라 言微動者는 是前相故니라

제 네 번째 그때에 시방이라고 한 아래는 모습을 나타내어 증명하는
분[263]이다.

---

263 원문에 현상작증분現相作證分이라고 한 것은 앞에서는 다만 작증분作證分이
라고만 하였다. 영인본 화엄 3책, p.572, 8행에 있다.
모습을 나타내어 증명하는 분이라고 한 것은, 말하자면 땅을 움직이는 모습을
나타내어 이익을 얻는 것이 헛되지 아니함을 증명하는 것이요, 또 앞의
삼매 가운데 십문이 구족되어 이미 뒤에 삼품三品의 의보와 정보의 과보를
현시한 까닭으로 여기에 곧 상서를 나타내어 하여금 믿게 하는 것이라고

그러나 이익을 얻음에 마음이 기쁘고, 기뻐함에 곧 땅이 미동하며 그리고 모든 상서가 있는 것이다.

모든 회는 법문을 들어 마치고 이익을 얻기에 그런 까닭으로 모습을 나타내는 것이 뒤에 있거니와, 이 회는 비록 곧 법문을 듣지 못하였지만 이미 먼저 이익을 얻었기에 그런 까닭으로 먼저 상서를 나타내나니,

이 회는 과보를 분별하여 수승함을 나타내는 까닭이다.

경문 가운데 네 가지가 있나니
첫 번째는 세계가 미동하고 겸하여 상서의 원인을 출생하는 것이니 인·과의 두 힘을 인유한 것이다.
미동이라고 말한 것은 이것은 설법 전의 모습[264]인 까닭이다.

『잡화기』는 말한다.

[264] 원문에 전상前相이라고 한 것은 『잡화기』에 설법 전의 모습이니, 나머지 회는 곧 그 모습을 나타내는 것이 설법한 뒤에 있는 까닭으로 진동震動이라 하고, 지금에는 설법 전에 있는 까닭으로 다만 미동微動이라 하였을 뿐이다 하였다.

經

一一世界가 衆寶莊嚴하며

낱낱 세계가 수많은 보배로 장엄하며

疏

二는 衆寶莊嚴이라

두 번째는 수많은 보배로 장엄한 것이다.

經

及出妙音하야 演說諸法하며

그리고 묘한 음성을 내어 모든 법을 연설하며

疏

三은 出音說法이라

세 번째는 묘한 음성을 내어 법을 설한 것이다.

經

復於一切如來의 衆會道場海中에 普雨十種의 大摩尼王雲하니
何等爲十고 所謂 妙金星幢인 摩尼王雲과 光明照耀하는 摩尼王
雲과 寶輪垂下하는 摩尼王雲과 衆寶藏現菩薩像하는 摩尼王雲
과 稱揚佛名하는 摩尼王雲과 光明熾盛하야 普照一切佛刹道場
하는 摩尼王雲과 光照十方種種變化하는 摩尼王雲과 稱讚一切
菩薩功德하는 摩尼王雲과 如日光熾盛한 摩尼王雲과 悅意樂音
이 周聞十方하는 摩尼王雲이라

다시 일체 여래의 대중이 모인 도량의 바다 가운데 널리 열 가지
큰 마니왕의 구름을 비 내리니
어떤 등이 열 가지가 되는가.
말하자면 묘한 금성의 당기로 된 마니왕의 구름과
광명이 비치는 마니왕의 구름과
보배 바퀴가 아래로 내려진 마니왕의 구름과
수많은 보배 창고에 보살의 형상을 나타내는 마니왕의 구름과
부처님의 이름을 칭양하는 마니왕의 구름과
광명이 치성하여 널리 일체 부처님 국토의 도량을 비추는 마니왕의
구름과
광명이 시방의 가지가지 변화를 비추는 마니왕의 구름과
일체 보살의 공덕을 칭찬하는 마니왕의 구름과
태양과 같이 치성한 마니왕의 구름과

마음을 기쁘게 하는 좋은 음악이 시방에 두루 들리는 마니왕의
구름입니다.

疏

四는 佛會雨寶니 略擧十種하야 以顯無盡이라 前三은 事相寶요
後七은 法化傳通寶니 並是出世의 善根所生이라

네 번째는 여래의 대중이 모인 가운데 보배를 비 내리는 것이니
간략하게 열 가지를 들어 끝이 없음을 나타낸 것이다.
앞에 세 가지는[265] 사상事相의 보배요
뒤에 일곱 가지는 진리로 변화하여 전통傳通하는 보배이니,
아울러 이것은 출세간의 선근으로 소생한 것이다.

---

265 앞에 세 가지 운운한 것은, 앞에 세 가지는 사실의 보배이고, 뒤에 일곱
  가지는 진리의 보배이다.

經

普雨如是十種의 大摩尼王雲已에 一切如來의 諸毛孔中에 咸放
光明하고 於光明中에 而說頌言호대

널리 이와 같은 열 가지 큰 마니왕의 구름을 비 내린 이후에 일체
여래의 모든 털구멍 가운데 다 광명을 놓고 광명 가운데 게송을
설하여 말하기를

疏

第五에 普雨如是十種雲已下는 毛光讚德分이라 於中二니 初는
結前生後요 後는 正顯偈詞라

제 다섯 번째 널리 이와 같은 열 가지 큰 마니왕의 구름을 비 내린
이후라고 한 아래는 털구멍에 광명이 공덕을 찬탄하는 분이다.
그 가운데 두 가지가 있나니
처음에는 앞의 말을 맺고 뒤의 말을 생기하는 것이요
뒤에는 바로 게송의 말을 나타내는 것이다.

經

普賢遍住於諸刹하야 坐寶蓮華衆所觀이니
一切神通靡不現하며 無量三昧皆能入이니다

보현보살이 두루 모든 국토에 머물러
보배 연꽃에 앉은 것을 대중이 보는 바이니
일체 신통을 나타내지 아니함이 없으며
한량없는 삼매에 다 능히 들어갔습니다.

疏

詞中에 十頌分三이니 初一은 總述前定이요 次八은 別顯遍相이요
後一은 結讚所由라

게송의 말 가운데 열 가지 게송을 세 가지로 분류하리니
처음에 한 게송은 앞에 삼매를 한꺼번에 진술한 것이요
다음에 여덟 게송은 두루한 모습을 따로 나타낸 것이요
뒤에 한 게송은 찬탄하는 이유를 맺는 것이다.

經

普賢恒以種種身으로　法界周流悉充滿케하고
三昧神通方便力을　　圓音廣說皆無礙하니다

一切刹中諸佛所에　　種種三昧現神通하고
一一神通悉周遍케하야 十方國土無遺者하니다

如一切刹如來所하야　彼刹塵中悉亦然하나니

보현보살이 항상 가지가지 몸으로써
법계에 두루 유출하여 다 충만케 하고
삼매와 신통과 방편과 힘을
원만한 음성으로 널리 설하되 다 걸림없이 하였습니다.

일체 국토 가운데 모든 부처님의 처소에
가지가지 삼매로 신통을 나타내고
낱낱 신통을 다 두루하게 하여
시방 국토에 남김없이 하였습니다.

일체 국토에 여래의 처소와 같아서
저 국토의 티끌 세계 가운데도 다 또한 그러하나니

疏

別顯中二니 前二偈半은 直述前遍이라

따로 나타내는 가운데 두 가지가 있나니

앞에 두 게송 반은 바로 앞에서 두루하다고 한 것을 진술한 것이다.

經

所現三昧神通事가 毘盧遮那之願力이니다

나타낸 바 삼매와 신통의 일이
비로자나의 원력입니다.

疏

後에 五偈半은 擧因顯遍이라 於中二니 初半偈는 緣力遍이라

뒤에 다섯 게송 반은 원인을 들어 두루함을 나타내는 것이다.
그 가운데 두 가지가 있나니
처음에 반 게송은 연력緣力[266]이 두루한 것이다.

---

266 연력緣力이란, 바로 뒤에 나오는 인력因力과 상대이다.

經

普賢身相如虛空하야 依眞而住非國土로대
隨諸衆生心所欲하야 示現普身等一切하니다

보현보살의 신상은 허공과 같아서
진신眞身을 의지하여 머물기에 국토가 아니지만
모든 중생의 마음에 욕망하는 바를 따라서
넓은 몸을 시현하여 일체와 같게 하였습니다.

疏

後五는 因力遍이라 於中四니 初偈는 卽體而用故로 遍이니 前半은
體요 後半은 用이라 身相如空은 法性身也요 依眞而住는 法性土
也요 隨機普應은 受用化也라

뒤에 다섯 게송은 인력因力이 두루한 것이다.
그 가운데 네 가지가 있나니
처음에 게송은 자체에 즉한 작용인 까닭으로 두루한 것이니
앞에 반 게송은 자체요
뒤에 반 게송은 작용이다.
신상은 허공과 같다고 한 것은 법성신이요
진신을 의지하여 머문다고 한 것은 법성토요
근기를 따라 널리 응한다고[267] 한 것은 수용受用과 변화變化이다.

鈔

身相如空者는 疏文有二하니 先은 略釋經文이니 具四身土라 前半은
卽一法性身土니 具如疏釋이요 後半은 有二身土하니 謂受用字는 卽
他受用이요 化字는 卽是變化니 順經示現故니라 其自受用은 含在前
半이니 以身如虛空이 自受用相이나 良以經有非國土言일새 故但屬
法性身土耳니라

신상은 허공과 같다고 한 것은 소문에 두 가지가 있나니

먼저는 간략하게 경문을 해석한 것이니,

네 가지 신토身土를 갖추었다.

앞에 반 게송은 곧 첫 번째 법성신토니,

이것은 소문에서 해석한 것과 같은 것이요

뒤에 반 게송은 두 가지 신토가 있나니,

말하자면 수용受用이라는 글자는 곧 타수용이요

화化라는 글자는 곧 변화이니,

경문의 시현示現이라는 글자에 순하는 까닭이다.

그 자수용은 앞의 반 게송에 포함되어 있나니,

신상은 허공과 같다고 한 것이 자수용의 모습이지만 진실로 경에
국토가 아니라는[268] 말이 있기에 그런 까닭으로 다만 법성신토에만
배속하였을 뿐이다.

---

267 근기를 따라 널리 응한다고 한 것은 아래 반 게송을 뜻으로 인용한 것이다.

268 경에 국토가 아니라고 한 것은 제 두 번째 구절에 비국토非國土라 한 것이다.

疏

問이라 法性身土가 爲別不別고 別則不名法性이니 性無二故요
不別則無能依所依리라 答이라 經論異說이니 統收法身인댄 略有
十種하고 土隨身顯인댄 乃有五重하니라

묻겠다.[269]

법성신토가 별별別別이 되는가 불별不別[270]이 되는가.

별별別別이라고 한다면 곧 법성이라 이름할 수 없나니 법성은 둘이
없는 까닭이요

불별不別이라고 한다면 곧 능의能依와 소의所依[271]가 없어야 할 것
이다.

답하겠다.

경론마다 학설이 다르나니,

법신을 통합하여 거둔다면 간략하게 열 가지가 있고

국토를 몸을 따라 나타낸다면 이에 오중五重[272]이 있다.

---

269 묻겠다고 한 것은,『잡화기』에 말하기를 하나와 다른 것을 물었거늘 하나도
아니고 다른 것도 아니라고 답한 것이다. 저 가운데 혹은 단적으로 다른
것이 아니라고만 말한 것은 네 번째와 다섯 번째와 여섯 번째 등과 같고,
혹은 단적으로 하나가 아니라고만 말한 것은 두 번째와 일곱 번째 등과
같나니, 이러한즉 모든 뜻을 모두 포함하여야 바야흐로 구족하게 물음에
답한 것이 되는 것이다 하였다.

270 불별不別이라고 한 것은 곧 총總이다.

271 능의能依와 소의所依라고 한 것은, 능의는 법성신이고 소의는 법성토이다.

疏

一은 依佛地論인댄 唯以淸淨法界로 而爲法身하고 亦以法性으로
而爲其土하나니 性雖一味나 隨身土相하야 而分二別이라하니라
智論云호대 在有情數中에 名爲佛性이요 在非情數中에 名爲法
性이니 假說能所나 而實無差라하니라 唯識云호대 雖此身土가 體
無差別이나 而屬佛法하야 性相異故라하니 謂法性屬佛에 爲法性
身이요 法性屬法에 爲法性土니 性隨相異일새 故云爾也라하니라
今言如虛空者는 唯識論云호대 此之身土는 俱非色攝이라 雖不
可說形量大小나 然隨事相하야 其量無邊하니 譬如虛空이 遍一
切處라하니 故如虛空言은 通喩身土니라

첫 번째는『불지론』을 의지한다면 오직 청정한 법계로써 법신을
삼고 또한 법성으로써 그 국토를 삼나니,
법성은 비록 한맛이지만 몸과 국토의 모습을 따라서 두 가지로
다르게 나누었을 뿐이다 하였다.
『지도론』에 말하기를 유정의 수數 가운데 있음에 이름이 불성이
되고, 비정非情의 수 가운데 있음에 이름이 법성이 되나니
능能과 소所를 가설하였지만 진실로는 차별이 없다 하였다.
『유식론』에 말하기를 비록 이 몸과 국토가 자체는 차별이 없지만
불법이 속해 있음에 따라 성性과 상相이 다른[273] 까닭이다 하였으니

---

272 오중五重이라고 한 것은 영인본 화엄 3책, p.650, 3행에 있다.
273 성性과 상相이 다르다고 한 것은, 소의 뜻인즉 가히 알 수 있거니와 만약

말하자면 법성이 부처님에 속해 있음에 법성신이 되고, 법성이 법에 속해 있음에 법성토가 되나니

성性이 상相을 따라 다르기에 그런 까닭으로 말하기를 그러하다 한 것이다.

지금에 신상은 허공과 같다고 말한 것은 『유식론』에 말하기를 이 부처님[274]의 몸과 국토는 함께 색상에 섭속되지 않는다.[275] 비록 형상과 수량의 크고 작음을 가히 말할 수는 없지만 그러나 사상事相을 따라 그 수량이 끝이 없나니,

비유하자면 허공이 일체 처소에 두루한 것과 같다 하였으니, 그런 까닭으로 허공과 같다고 한 말은 몸과 국토를 통틀어 비유한 것이다.

鈔

一에 依佛地下는 第二에 雙釋二章이라 然淨土之義는 次二品에 廣明하고 問明賢首와 第五迴向等에도 復當廣說하니라 法身之義는 玄文 已具하고 一經에도 往往顯甚深旨하니라 此中에 亦卽一段은 寄如來

자은스님의 해석인즉 하나의 법성이 법에 있어서는 곧 이 성이고, 부처님에 있어서는 도리어 상을 이루기에 그런 까닭으로 성과 상이 다르다 하였다. 다 『잡화기』의 말이다.

274 원문에 차지此之라 한 지之 자는 불佛 자라 하기도 한다.

275 함께 색상에 섭속되지 않는다고 한 것은 색상에 속하지 않고 초월하여 있다는 것이다.

身하야 顯普賢身이니 今十中第一이라 文中有四하니 初는 依論正立
이요 二는 論自解妨이요 三은 爲論引證이요 四는 會釋經文이라 性雖
一味下는 二에 解妨이니 卽正答前問也라 謂與身爲性은 名法性身이
요 與土爲性은 名法性土니 卽三土三身之眞性也라 未失一味니라

첫 번째 『불지론』을 의지한다고 한 아래는 제 두 번째 두 가지
문장[276]을 함께 해석한 것이다.
그러나 정토의 뜻은 다음 두 품[277]에서 폭넓게 밝혔고, 문명품과
현수품과 제오 회향 등에서도 다시 마땅히 폭넓게 설하였다.
법신의 뜻은 『현담』 문장에서 이미 갖추어 설하였고
이 일경一經에서도 왕왕 그 깊은 뜻을 나타내었다.
이 가운데 또한 곧 일단一段은 여래의 몸을 의지하여 보현의 몸을
나타낸 것이니
지금의 열 가지 가운데 제일이다.
문장 가운데 네 가지가 있나니
처음에는 『불지론』을 의지하여 몸과 국토를 바로 세운 것이요

---

276 원문에 이장二章이라고 한 것은, 이 위에서는 이미 이장을 함께 표하였고
지금 여기서는 이장을 함께 해석하는 것이니, 곧 이 문장에 나아가 몸에
열 가지가 있는 것과 국토에 십중十重이 있는 것으로 이장을 삼은 것이
아니라 다만 그 뜻은 몸과 국토로써 이장을 삼은 것이다. 그런 까닭으로
지금 해석한 가운데 비록 국토에 오중이 있다고 해석하지 않았으나, 그러나
이미 십중의 몸과 국토를 해석한 까닭으로 이장을 함께 해석하는 것이다고
말하였으니 그 뜻을 가히 볼 수 있을 것이다. 역시 『잡화기』의 말이다.
277 다음 두 품(次二品)이란, 세계성취품世界成就品과 화장세계품華藏世界品이다.

두 번째는 『불지론』에서 스스로 방해하여 비난함을 해석한 것이요

세 번째는 『지도론』을 인용하여 증거한 것이요

네 번째는 경문을 회석한 것이다.

법성은 비록 한맛이지만이라고 한 아래는 두 번째 방해하여 비난함을 해석한 것이니,

곧 바로 앞에서 질문한[278] 것을 답한 것이다.

말하자면 몸으로 더불어 법성을 삼은 것은 이름이 법성신이요

국토로 더불어 법성을 삼은 것은 이름이 법성토이니,

곧 삼토三土와 삼신三身의[279] 진성眞性으로 한맛을 잃지 아니하였다.

智論云下는 三에 爲論引證하야 共答前問이니 亦猶外典에 天地萬物이 同稟陰陽之元氣也니라 佛者是覺이니 人有靈知之覺거늘 今第一義空이 與之爲性일새 故名佛性이요 非情無覺하고 但持自體일새 得稱爲法거늘 今眞性이 與之爲性일새 故名法性이라하니 是故結云호대 假說能所나 而實無差라하니라 唯識下는 亦爲證前이니 即第十論云호대 又自性身은 依法性土니 雖此身土가 體無差別이나 而屬佛法하야 性相異故라 此佛身土는 俱非色攝이니 雖不可說形量大小나 然隨事相하야 其量無邊호미 譬如虛空이 遍一切處라하니 釋曰此文은 兼

---

278 앞에서 질문한 것이라고 한 것은 영인본 화엄 3책, p.638, 2행이다.

279 곧 삼토三土와 삼신三身이라고 한 등은, 말하자면 저 법성이 오직 법성신과 국토로 더불어 자성이 될 뿐만 아니라 또한 삼신과 삼토의 진성이 되는 것이다. 그러한즉 곧 이 삼신과 삼토는 이 소문 가운데 말한 바 몸과 국토의 모습이 아닌 것이다. 역시 『잡화기』의 말이다.

證後段如空이니 論文易了니라 謂法性屬佛下는 是疏釋論이니 準彼
疏云인댄 佛義是相이니 爲功德法의 所依止故며 衆德聚故며 二身自
體故니라 法是性義니 功德自性故며 能持自性故며 諸法自性故니라
體爲土義요 相義爲身이라하니 此公意云호대 屬佛是相이요 屬法是
性이니 直語所依名土일새 故云體爲土義라하고 以能依名所依하야
爲法性身일새 故云相義爲身이라하니라 今疏意小異니 謂佛有覺義
일새 故名屬佛이요 土無覺義하고 但持自性일새 故名爲法이라 性隨
相異者는 身土約相인댄 則有二差하고 隨所依性인댄 則無差別하나
니 今以無差之性으로 隨有差之相일새 故云性隨相之異也라하니라

『지도론』에 말하였다고 한 아래는 세 번째 『지도론』을 인용하여
증거하여 앞에서 질문한 것을 함께 답한 것이니,
또한 외전外典[280]에 천지의 만물이 음양의 원기를 다 같이 품 받는다고
한 것과 같다.
부처는 깨달음이니 사람에게 신령하게 아는 깨달음이 있거늘, 지금
에 제일의공이 그로 더불어 자성을 삼기에 그런 까닭으로 불성이라
이름하는 것이요
비정非情은 알아 깨닫는 것이 없고 다만 자체만을 가지기에 법이라
이름함을 얻거늘, 지금에 진성이 그로 더불어 자성을 삼기에 그런
까닭으로 법성이라 이름하나니,
이런 까닭으로 맺어 말하기를 능과 소를 가설하였지만 진실로는

---

280 외전外典이란, 『주역周易』의 말이다.

차별이 없다 하였다.

『유식론』이라고 한 아래는 또한 앞에 말을 증거한 것이니,
곧 제십권론[281]에 말하기를 또 자성신은 법성토를 의지하나니,
비록 이 몸과 국토가 자체는 차별이 없지만 불법이 속해 있음에
따라 성과 상이 다른 까닭이다.
이 부처님의 몸과 국토는 함께 색상에 섭속되지 않나니,
비록 형상과 수량의 크고 작음을 가히 말할 수는 없지만 그러나
사상을 따라 그 수량이 끝이 없는 것이, 비유하자면 허공이 일체
처소에 두루한 것과 같다 하였으니
해석하여 말하면 이 문장은[282] 후단後段의 허공과 같다고 한 말을

---

281 第十論은 『성유식론成唯識論』 제십권第十卷이니, 아래 영인본 화엄 3책,
  p.697, 8행에도 나온다. 아래 같은 책 p.698, 1행에 해석하여 말하면 이
  뜻은 전품前品에서 이미 인용하였다고 한 것은 바로 여기를 가리킨 것이다.
282 이 문장이라고 한 등은, 『잡화기』에 강사가 말하기를 이 문장은 바로 이
  부처님의 몸과 국토(영인본 화엄 3책, p.640, 7행)라 한 이하의 문장을 가리킨
  것이니, 곧 아래 제 네 번째 경문을 회석하는(영인본 화엄 3책, p.641, 8행)
  가운데 인용하였으니, 그러나 문장이 연속하기에 그런 까닭으로 여기에
  아울러 인용하고 이미 아울러 인용하였기에 멀리 아래 소문에 인용한 뜻을
  현시한 것이다. 말하자면 아래 소문에 이미 이 문장을 인용한즉 이 문장은
  제일구에 몸의 모습이 허공과 같다고 한 것을 바로 증거하고, 제이구에
  국토의 모습이 허공과 같다고 한 것은 겸하여 증거한 것이니, 『유식론』의
  뜻은 이미 몸과 국토로써 다 허공에 비유한 까닭이다 하였다. 혹 이설이
  있기도 하지만 다 족히 따오지는 않았다 하였다. 후단이라고 한 것은 제
  네 번째 경문을 회석한 것이다.

겸하여 증거한 것이니,
논문은 쉽게 알 수 있을 것이다.

말하자면 법성이 부처님에 속해 있음에 법성신이 된다고 한 아래는
이것은 소가疏家가 『유식론』을 해석한 것[283]이니,
저 소문[284]을 기준하여 말한다면 부처님이라는 뜻은 이것은 상相[285]
이니, [286]
공덕의 법이 의지할 바가 되는 까닭이며
수많은 공덕이 모이는 까닭이며
두 가지 몸[287]의 자체인 까닭이다.

---

283 소가疏家 운운은 소가疏家인 청량스님이 『유식론』을 해석한 것이다.

284 저 소문(彼疏)이라고 한 것은 저 규기법사의 『유식론소』를 말한다.

285 원문에 불의시상佛義是相이라고 한 것은 불시상의佛是相義가 아닌가 한다.
영인본 화엄 3책, p.641, 1행에서 법시성의法是性義라 하였으니까. 그러나
『잡화기』는 불의시상이라 한 것은 깊은 뜻이 있다 하였다.

286 부처님이라는 뜻은 이 상相이라고 한 것은, 대개 부처님인즉 부처님이 아닌
것이 곧 이 상의 뜻이니 다만 뜻만 취하여 상을 삼은 까닭으로 그 말이
이와 같고, 다음 아래(영인본 화엄 3책, p.641, 1행)에 법이라는 것은 이것은
성의 뜻이라고 말한 것은 만약 법인즉 법은 곧 이 자성의 뜻이다. 반드시
뜻을 취한 연후에 바야흐로 이 성을 이루는 것은 아니다. 그런 까닭으로
그 말이 저와 같아서 각각 깊은 뜻이 있거늘, 사람이 다분히 살피지 않고
도리어 말하기를 의義 자가 마땅히 상相 자 아래에 있어야 한다(즉 佛是相義라
해야 한다) 하니, 어리석은 나는 감히 허락하지 않겠다. 이상은 다 『잡화기』의
말이다.

287 두 가지 몸이라고 한 것은 『잡화기』에 곧 보신과 화신이라 하였다.

법이라는 것은 이것은 성性의 뜻이니,

공덕의 자성인 까닭이며

능히 자성을 가지는 까닭이며

모든 법의 자성인 까닭이다.

자체體라는 것은 국토의 뜻이 되고

상相의 뜻이라는 것은 몸이 되는 것이다 하였으니

이 공公²⁸⁸의 뜻에 말하기를 부처님에 속해 있는 것은 이 상相이요

법에 속해 있는 것은 이 성性이니,

바로 소의를 말하여 국토라 이름하였기에 그런 까닭으로 말하기를

자체라는 것은 국토의 뜻이 된다 하였고,

능의로써 소의를 이름하여²⁸⁹ 법성신을 삼았기에 그런 까닭으로

말하기를 상의 뜻이라는 것은 몸이 된다 하였다.

지금에 소가의 뜻은 조금 다르나니

말하자면 부처는 각覺의 뜻이 있기에 그런 까닭으로 이름하여 부처님

에 속에 있다 하고,

국토는 각의 뜻이 없고 다만 자성만 가지기에 그런 까닭으로 이름하

여 법이라 한 것이다.

---

288 이 공公이라고 한 것은 규기법사이다.

289 능의로써 소의를 이름한다고 한 등은, 그 뜻에 말하기를 법성토라 이름한즉
법성이 곧 국토이니 지업석이고, 법성신이라 이름한즉 소의를 취하여 능의를
명목하는 것이니 의주석이며 또한 유재석이다. 그러한즉 이 가운데 능의와
더불어 소의가 문장이 앞뒤로 바뀐 것 같으나, 회석한 뜻은 또한 통한다고
『잡화기』는 말한다.

성이 상을 따라 다르다고 한 것은 몸과 국토가 상相을 잡는다면
곧 두 가지 차별이 있고 소의所依의 성性을 따른다면 곧 차별이
없나니,
지금에는 차별이 없는 성으로써 차별이 있는 상을 따르기에 그런
까닭으로 말하기를 성이 상을 따라 다르다 한 것이다.

今言如虛空下는 四에 會釋經文이니 然隨事相하야 其量無邊者는 以
變化等三身三土의 事旣無邊거니 與之爲性이 豈有邊耶아 旣如虛
空인댄 則遍至一切色非色處니라 結云故如虛空言은 通喩身土者는
按於經文인댄 但言身相이 如虛空하고 按唯識云인댄 此之身土를 皆
喩如空이니 則顯虛空喩가 兼下句니라

지금에 허공과 같다고 말한 것이라고 한 아래는 네 번째 경문을
회석한 것이니
그러나 사상을 따라 그 수량이 끝이 없다고 한 것은 변화신토 등
삼신과 삼토의 사상事相이 이미 끝이 없거니, 그로 더불어 자성이
된 것이 어찌 끝이 있겠는가.
이미 허공과 같다고 하였다면 곧 일체 색처와 비색처에 두루하였다
는 것이다.
소문에서 맺어 말하기를 그런 까닭으로 허공과 같다고 한 말은
몸과 국토를 통틀어 비유한 것이라고 한 것은 경문을 안찰하여
보면 다만 신상이 허공과 같다고만 말하고 있고
『유식론』에서 말한 것을 안찰하여 보면 이 부처님의 몸과 국토를

다 허공에 비유하고 있나니
곧 허공의 비유²⁹⁰가 아래 제 두 번째 구절까지 겸하고 있음을 나타낸
것이다.

疏

二는 或唯大智로 而爲法身하고 所證眞如로 爲法性土하나니 無性
攝論云호대 無垢無罣礙智로 爲法身故라하니라 若爾인댄 云何言
相如虛空고 智體無礙하야 同虛空故니라

두 번째는 혹은 오직 대지大智로 법신을 삼고 증득할 바 진여로
법성토를 삼나니
『무성섭론』에 말하기를 때도 없고 걸림도 없는 지혜로 법신을 삼는
까닭이다 하였다.
만약 그렇다면 어떻게 신상이 허공과 같다고 말하는가.
지혜의 자체가 걸림이 없어서 허공과 같은 까닭이다.

疏

三은 亦智亦如로 而爲法身이니 梁攝論과 及金光明에 皆云호대

唯如如와 及如如智가 獨存이 名法身故라하니 此則身含如智하고
土則唯如이라

세 번째는 또한 지혜와 또한 진여로 법신을 삼나니,
『양섭론』과 그리고『금강명경』에 다 말하기를 오직 여여如如와 그리
고 여여지如如智가 독존하는 것이 이름이 법신인 까닭이다 하였으니,
이것은 곧 몸은 여여와 여여지를 포함하였고 극토는 곧 오직 여여뿐
이라는 것이다.

疏

四는 境智雙泯으로 而爲法身이니 經云 如來法身은 非心非境이며
土亦隨爾라하니라 依於此義하야 諸契經中에 皆說如來의 身土無
二라하니 此則依眞之言이 顯無能所라야 方曰依眞이니 成如空義
니라

네 번째는 경계와 지혜가 함께 없는 것으로 법신을 삼나니,
경에 말하기를 여래의 법신은 마음도 아니고 경계도 아니며 극토도
또한 따라서 그러한 것이다 하였다.
이 뜻을 의지하여 모든 계경契經 가운데 다 말하기를 여래의 몸과
극토가 둘이 없다 하였으니,
이것은 곧 진신을 의지하였다[291]는 말이 능·소가 없어야 바야흐로

---

[291] 진신을 의지하였다고 한 것은 경에 진신을 의지하여 머물렀다 한 것이니,

진신을 의지하였다고 말하는 것임을 나타낸 것이니
허공과 같다[292]는 뜻을 성립한 것이다.

疏

五는 此上四句를 合爲一無礙法身이니 隨說皆得이라 土亦如之
니라

다섯 번째는 이 위에 네 구절을 합하여 하나의 걸림 없는 법신을
삼나니,
말을 따라 다 얻는 것이다.
국토도 또한 그와 같다 하겠다.

疏

六은 此上에 總別五句를 相融形奪하고 泯茲五說하야 逈然無寄로
以爲法身이니 土亦如也니라 此上은 單就境智以辨이라

여섯 번째는 이 위에 총總과 별別의 다섯 구절을 서로 융합하여
형상을 빼앗고 이 다섯 가지 학설을 민절하여 멀리 의지함이 없는
것으로 법신을 삼나니

즉 제이구이다.
292 허공과 같다고 한 것은 경에 보현보살의 신상이 허공과 같다고 한 것이니,
제일구이다.

국토도 또한 그와 같다 하겠다.

이 위에서는 단單²⁹³으로 경계와 지혜에 나아가 분별한 것이다.

疏

七은 通攝五分과 及悲願等과 所行恒沙功德하야 無不皆是此法身收니 以修生功德은 必證理故로 融攝無礙니라 卽此所證의 眞如體大로 爲法性土니 依於此義인댄 身土逈異니라 今言身相은 卽諸功德이요 言如虛空은 卽身之性이니 下經亦云호대 解如來身은 非如虛空이니 一切功德과 無量妙法이 所圓滿故라하니라

일곱 번째는 오분법신과 그리고 자비와 서원 등²⁹⁴과 행한 바 항하사 공덕을 모두 섭수하여 다 이 법신에 거두지 아니함이 없나니, 수행으로 생겨난 공덕은 반드시 진리를 증득케 하는 까닭으로 융합하고 섭수하여 걸림이 없는 것이다.

곧 이것은 증득할 바 진여의 체대體大로 법성토를 삼나니,

이 뜻을 의지한다면 몸과 국토의 뜻이 멀리 다른 것이다.

지금에 신상이라고 말한 것은 곧 모든 공덕이요

허공과 같다²⁹⁵고 말한 것은 곧 몸의 자성이니

---

293 단單이란, 복複(쌍雙)의 상대이다.

294 서원 등이라고 한 것은 곧 지혜(智)를 등취하는 것이니 비悲·지智·원願 삼심三心이다.

아래의 경에 또한 말하기를 여래의 몸은 허공과 같지 아니한[296]
줄 알 것이니

일체 공덕과 한량없는 묘법이 원만한 바인 까닭이다 하였다.

鈔

下經亦云者는 卽第五迴向經이니 下更一句云호대 於一切處에 令諸
衆生으로 積集善根하야 悉充足故라하니 前明自利요 此明利他라

아래의 경에 또한 말하였다고 한 것은 곧 제오 회향경이니,
소문에 인용한 아래에 다시 한 구절에 말하기를 일체 처소에 모든
중생으로 하여금 모든 선근을 쌓아 모아 다 충만케 하는 까닭이다
하였으니

앞에 인용한[297] 것은 자리를 밝힌 것이고
여기에 인용한[298] 것은 이타를 밝힌 것이다.

---

295 허공과 같다고 말한 것은 부처님의 몸은 허공과 같다는 것이니 공여래장의
    입장이다.

296 여래의 몸은 허공과 같지 않다고 한 것은 부처님의 몸은 허공과 같지 않다는
    것이니 불공여래장의 입장이다.

297 앞에 인용한 것이라고 한 것은 앞의 소문에 여래의 몸은 운운한 것이다.

298 여기에 인용한 것이라고 한 것은 여기 초문에 일체 처소에 운운한 것이다.

疏

八은 通收報化의 色相功德하야 無不皆是此法身收니 故攝論中
에 三十二相等을 皆法身攝하니라 然有三義하니 一은 相卽如故니
歸理法身이요 二는 智所現故니 屬智法身이요 三은 當相이 並是功
德法故니 名爲法身이라 其所依土는 則通性相과 淨穢無礙니 我
此土淨거늘 而汝不見하며 衆生見燒언정 淨土不毀하나니 色卽是
如요 相卽非相이라 身土事理가 交互依持하야 通有四句하니 謂色
身은 依色相土하며 色身은 依法性土하며 法身은 依法性土하며
及依色相故라 又以單雙互望인댄 亦成五句니 謂色相身은 依法
性과 色相土等이니 準以思之니라

여덟 번째는 보신과 화신의 색상과 공덕을 모두 섭수하여 다 이
법신에 거두지 아니함이 없나니
그런 까닭으로 『섭론』가운데 삼십이상 등을 다 법신에 섭수하였다.
그러나 세 가지 뜻이 있나니
첫 번째는 색상이 곧 진여인 까닭이니
이법신理法身에 돌아가는 것이요
두 번째는 지혜로 나타난 바인 까닭이니
지법신智法身에 속하는 것이요
세 번째는 당상當相이 아울러 이 공덕의 법인 까닭이니
이름이 법신이 되는 것이다.
그 부처님이 의지하는 바 국토는 곧 성性·상相의 무애토無碍土와

정淨·예穢의 무애토에 통하나니,

나의 이 국토는[299] 청정하거늘 그대는 보지 못하며

중생이 소진함을 볼지언정[300] 정토는 훼손되지 않나니

색상은 곧[301] 이 진여요 색상은 곧 색상이 아니다.

몸과 국토와 사事와 이理[302]가 서로서로 의지하여 모두 네 구절[303]이

있나니

---

299 나의 이 국토 운운은 『정명경』제일권이다. 『잡화기』에 보지 못한즉 예토이니
이것은 정토와 예토가 걸림이 없는 것이다 하였다.

300 중생이 소진함을 본다 운운은 『법화경』제오권이니 법화에는 중생이 삼계가
사라질 때에 삼계가 소진함을 볼지언정 정토는 무너지지 않는다 하였다.
『잡화기』에 소진함을 본즉 이것은 예토이고 이것은 상相이며, 훼손되지
아니한즉 이것은 정토이고 이것은 성性이니, 이것은 곧 오직 정토와 예토만
걸림이 없을 뿐만 아니라 또한 성과 상이 걸림이 없는 것에도 통하는 것이라
하였다.

301 색상은 곧 운운한 것은 『대품반야경』의 말이다.

302 사事와 이理라고 한 것은, 색상의 몸과 국토 가운데 나아가 정토와 예토와
몸과 국토를 전개한 것이니, 곧 색상과 더불어 정토와 예토는 다 저 사事에
해당하고 성性은 곧 이 이理이다.
만약 앞에 말을 맺는 것을 잡는다면 첫 번째 몸과 제 세 번째 국토는 몸과
국토가 다 오직 이理뿐이고, 제 두 번째 몸과 제 두 번째 국토는 몸과
국토가 다 사事이며 또한 다 사와 이에도 통하고, 제 세 번째 몸과 첫
번째 국토는 몸과 국토가 다 오직 사事뿐이다. 만약 뒤에 말을 생기하는
것을 잡는다면 제일구는 몸과 국토가 다 사事라는 등이니 가히 알 수 있을
것이다. 이상은 다 『잡화기』의 말이다.

303 네 구절이라고 한 것은 색신에 색상토와 법성토의 이구二句이고, 법신에
법성토와 색상토의 이구二句이다.

말하자면 색신은 색상토를 의지하며

색신은 법성토를 의지하며

법신은 법성토를 의지하며

그리고 법신은 색상토를 의지하는 까닭이다.

또 단單과 쌍雙으로써 서로 바라본다면 또한 다섯 구절을 이루나니

말하자면 색상신은 법성토와 색상토를 의지한다는 등이니

이것을 기준하여 생각할 것이다.

鈔

我此土淨거늘 而汝不見은 即淨名第一이요 衆生見燒언정 淨土不毁
는 即法華第五니 並如下引하니라 色即是如요 相即非相은 即義引大
品等經이라 身土事理가 互交徹故는 結前生後라 然이나 結前者는
結前三文하야 成上三義니 謂引淨名하야 成第三當相이 即是功德身
土니 則具妙莊嚴하야 通自他受用이라 二는 引法華하야 成智法身土
니 亦通性相이라 智所現身者는 若大圓鏡智인댄 現自受用身하고 平
等性智인댄 現他受用身하고 成所作智인댄 現變化身이니 此三身融
에 則三土亦融하리라 變化則毁나 自他受用은 皆悉不毁니 我此土安
隱은 即自受用이요 天人常充滿은 即他受用이라 三은 義引大品의
色即是如하야 成第一義의 相即如故니 如即法性土요 相通諸土니
即法性身이 與色相身으로 無礙하고 依土도 亦性相無礙일새 是故結
云호대 皆事理交互라하니라 言生後者는 生後四句니 文有兩重四句
라 初四는 唯單相對니 其色相言은 通於報化니 自受用報와 他受用

報化가 皆色相故라 二는 又以單對複하야 成四句니 唯出其一하고
令準思於五니 上卽第一이요 二는 法性身은 依色相法性土요 三은
法性色相身은 依色相土요 四는 法性色相身은 依法性土요 第五는
有一俱句하니 謂法性色相身은 依法性色相土니 則是性相의 無礙
之身이 依性相의 無礙之土니라

나의 이 국토는 청정하거늘 그대는 보지 못한다고 한 것은 곧 『정명
경』 제일권이요
중생이 소진함을 볼지언정 정토는 훼손되지 않는다고 한 것은 곧
『법화경』 제오권이니 아울러 아래에 인용한 것과 같다.[304]
색상은 곧 진여요 색상은 곧 색상이 아니라고 한 것은 곧 대품반야
등의 경을 뜻으로 인용한 것이다.

몸과 국토와 사事와 이理가 서로서로 사무치는 까닭[305]이라고 한
것은 앞의 말을 맺고 뒤의 말을 일으키는 것이다.
그러나[306] 앞의 말을 맺는다고 한 것은 앞에 세 가지 경문을 맺어서
위에 세 가지 뜻을 성립한 것이니

---

304 아래에 인용한 것과 같다고 한 것은 바로 아래 두 번째는 『법화경』을 인용하여
　　지법신토라고 한 것을 성립한 것이니 운운한 것이다.
305 원문에 호교철고互交徹故란, 소문疏文에는 호교의지互交依持라 하였다. 『잡화
　　기』에는 다만 소본이 다름이 있는 까닭이라고만 하였다.
306 연然 자 아래에 결전자結前者라는 세 글자가 있는 것이 좋다. 그 이유는
　　뒤에 생후자生後者라는 말이 있기 때문이다. 따라서 보충하여 번역하였다.

말하자면『정명경』을 인용하여 제 세 번째 당상이 곧[307] 이 공덕신·토라고 한 것을 성립한 것이니,

곧 묘장엄을 구족하여 자수용·타수용신에 통하는 것이다.

두 번째는『법화경』을 인용하여 지법신토라고 한 것을 성립한 것이니

또한 성·상에 통하는 것이다.

지혜로 나타난 바 몸이라고 한 것은 만약 대원경지라면 자수용신을 나타내고, 평등성지라면 타수용신을 나타내고, 성소작지라면 변화신을 나타낸 것이니

이 삼신이 원융함에 곧 삼토도 또한 원융할 것이다.

변화토는 곧 훼손되지만 자수용토와 타수용토는 다 훼손되지 않나니 나의 이 국토가 안은한 것은 곧 자수용토요,

천상과 인간이 항상 충만한 것은 곧 타수용토이다.

세 번째는『대품반야경』에 색상이 곧 이 진여라고 한 것을 뜻으로 인용하여 제일 첫 번째 뜻에 색상이 곧 진여인 까닭이라고 한 것을 성립한 것이니,

진여는 곧 법성토요 색상은 곧 모든 국토에 통하나니 곧 법성신이 색상신으로 더불어 걸림이 없고, 국토를 의지하는 것도 또한 성性·상相이 걸림이 없기에 이런 까닭으로 맺어 말하기를 다 사事와 이理가 서로서로 의지하는 것이다 하였다.

---

307 당상이 곧이라 한 즉卽 자는 소문에는 병竝 자이다. 그렇다면 공덕 신·토가 아니라 공덕 법이라 해야 한다. 소문에 세 번째는 당상이 아울러 이 공덕의 법인 까닭이라 한 때문이다.

뒤의 말을 일으킨다[308]고 말한 것은 뒤에 네 구절을 일으키는 것이니 문장에 양중兩重의 사구四句가 있다.

처음에 사구四句[309]는 오직 단單으로만 상대한 것이니

그 색상신이라고 말한 것은 보신과 화신에 통하나니,

자수용 보·화신[310]과 타수용 보·화신이 다 색상인 까닭이다.

두 번째는 또 단單으로써 복複을 상대하여[311] 사구를 이루나니,

오직 그 일구一句만을 설출하고[312] 하여금 오구五句를 기준하여 생각케 한 것이니

위에 일구一句[313]는 곧 제일이 되는 것이요

두 번째는 법성신은 색상토와 법성토를 의지하는 것이요

세 번째는 법성신과 색상신은 색상토를 의지하는 것이요

네 번째는 법성신과 색상신은 법성토를 의지하는 것이요

---

308 뒤의 말을 일으킨다고 한 것은 초문이다.

309 처음에 사구四句라고 한 것은 소문에 모두 네 구절이 있다고 한 것이다.

310 자수용보화自受用報化라고 한 화化 자는 바로 아래 타수용보他受用報라 한 아래에 있는 것이 옳기에 옮겨놓고 번역하였다. 혹본或本에는 없기도 하나 있어야 한다. 『잡화기』에는 다만 아래 보報 자와 개皆 자 사이에 있어야 한다고 하였으니 같은 말이라 하겠다.

311 또 단單으로써 복複을 상대한다고 한 것은 소문에 또 단과 쌍으로써 서로 바라본다면 운운한 것이다.

312 오직 그 일구一句만을 설출하였다고 한 것은 소문에 또 단과 복으로써 서로 바라본다면 또한 다섯 구절을 이루나니 말하자면 색상신은 법성토와 색상토를 의지한다고 한 일구一句이다.

313 위에 일구一句라고 한 것은 앞서 말한 색상신은 법성토와 색상토를 의지한다 한 것이다.

제 다섯 번째는 하나의 구구俱句가 있나니
말하자면 법성신과 색상신은 법성토와 색상토를 의지하는 것이니,
곧 이것은 성·상의 걸림이 없는 몸이 성·상이 걸림이 없는 국토를
의지한 것이다.

疏

此上은 猶通諸大乘敎니라

이 위에 팔단八段은 오히려 모든 대승교에 통하는 것이다.

鈔

此上은 猶通諸大乘敎者는 結前生後라 生後는 唯屬一乘華嚴之宗
이요 結前은 不出法性色相之身土와 及四身四土之義故니 謂一及
第四는 唯法性이요 二三은 法性及如智요 五六은 具上諸義나 亦不出
如智요 七八은 方具事理無礙라 上之八門은 不出事理無礙實敎之
宗일새 故로 通諸大乘이라하니 卽同敎一乘義也니라 故此下二는 方
是事事無礙法界인 華嚴別敎一乘宗也니라

이 위에 팔단은 오히려 모든 대승교에 통한다고 한 것은 앞의 말을
맺고 뒤의 말을 일으키는 것이다.
뒤의 말을 일으킨다고 한 것은 오직 일승화엄의 종취에 속할 뿐이요
앞의 말을 맺는다고 한 것은 법성과 색상의 몸과 국토와 그리고

네 가지 몸과 네 가지 국토의 뜻을 벗어나지 않는 까닭이니,

말하자면 첫 번째와 그리고 제 네 번째[314]는 오직 법성뿐이요

두 번째와 세 번째[315]는 법성[316]과 그리고 여여지如如智요

다섯 번째와 여섯 번째는 위에 모든 뜻을 갖추었지만 또한 여여지를

벗어나지 않는 것이요

일곱 번째와 여덟 번째는 바야흐로 사리무애를 갖춘 것이다.

이상의 팔단문은 사리무애법계인 실교의 종취를 벗어나지 않기에

그런 까닭으로 모든 대승교에 통한다 하였으니,

곧 동교일승同敎一乘의 뜻이다.

---

314 첫 번째와 그리고 제 네 번째라고 한 등은, 그러나 첫 번째는 곧 여여로써 법성을 삼고, 제 네 번째는 곧 여여와 여여지가 함께 없는 것으로 법성을 삼는다고 『잡화기』는 말한다. 그러나 영인본 화엄 3책, p.642, 말행에 네 번째는 경계(土)와 지혜(身)가 함께 없는 것으로 법신을 삼는다 하였고 영인본 화엄 3책, p.642, 8행에 제 세 번째는 여여와 여여지가 독존하는 것이 이름이 법신이라 하였으니 생각해볼 것이다. 아니면 경계 즉 토土를 여여로 보고, 지혜 즉 신身을 여여지로 본 것이라 하겠다.

315 두 번째와 세 번째라고 한 것은, 두 번째는 법성이고 세 번째는 여여지이다.

316 법성이라고 한 것은 『잡화기』에 응당 대지라고 할 것이니, 그러한즉 대지와 여여지는 다만 이 두 번째와 세 번째의 몸일 뿐이다. 만약 두 번째와 세 번째의 몸이라고 한다면 곧 또한 다 법성이거늘, 치우쳐 그 몸만 거론한 것은 국토의 모습은 곧 스스로 아래 소문의 一門에 三은 別示土相이라 한 곳에 있는 까닭이다. 또한 지금 초문의 상·하를 봄에 비록 그 국토까지 겸하여 거론한 것 같으나 그 뜻은 다만 몸에만 있는 것이다. 그렇다면 이 가운데 지혜라고(如如智) 한 것은 곧 색상에 해당하는 것이니, 앞에 여섯 가지는 법성과 색상을 벗어나지 않는 것이다 하였다.

그런 까닭으로 이 아래에 이단二段은[317] 바야흐로 사사무애법계인 화엄별교일승華嚴別教一乘의 종취이다.

疏

九는 通攝三種世間하야 皆爲一大法身이니 具十佛故라 其三身 等은 並此中에 智正覺攝故니 土亦如之니라 卽如空身이 而示普 身거니 于何不具리오 此唯華嚴이라

아홉 번째는 세 가지 세간을 모두 섭수하여 다 하나의 대법신을 삼나니
십불十佛을 갖춘 까닭이다.
그 삼신 등은 아울러 이 가운데 지정각세간에 섭수된 까닭이니 국토도 또한 그와 같다 하겠다.
곧 허공과 같은 몸이 넓은 몸을 시현하였거니[318] 어찌 갖추지 못하였 겠는가.
이것은 오직 화엄교뿐이다.

---

317 이 아래에 이단二段이란, 제 아홉 번째와 제 열 번째이다.
318 허공과 같은 몸이 넓은 몸을 시현하였다고 한 것은, 위의 경문(제일구)에 보현보살의 신상은 허공과 같다고 한 것은 여기 소문에 허공과 같은 몸이라 한 것이요 위의 경문(제사구)에 넓은 몸을 시현하여 일체와 같게 하였다고 한 것은 여기 소문에 넓은 몸을 시현하였다고 한 것이다. 그러나 허공과 같다고 한 것은 위에 두 구절을 겸하고 있나니 진신의 자체이고, 넓은 몸을 시현하였다고 한 것은 아래 두 구절을 겸하고 있나니 응신의 작용이다.

鈔

九에 通攝者는 如八地中十身이 卽三世間故니 謂衆生身國土身等이니 已見玄文이라 卽如空身者는 會釋經文이니 謂經但云호대 身相如空等거니 何有十身之義리요할새 故今釋云호대 如虛空言은 卽十身中에 虛空身也니 八地之中에 十身相作하니라 今云示現普身은 則兩重十身을 皆悉具矣라 如下經云호대 虛空身으로 作衆生身하며 作國土身하며 作業報身하며 作聲聞身하며 作緣覺身하며 作菩薩身하며 作如來身이라하니 是爲虛空에 示餘九身이라 其如來身上에 旣具菩提身과 願身化身과 法身智身等인댄 則有百身千身이요 一一類身이 復各攝多일새 故云示現普身하야 等一切也라하니라 又如虛空言은 含法身智身이니 卽是眞身이라 卽眞而現거니 何不具矣리요

아홉 번째 세 가지 세간을 모두 섭수하였다고 한 것은 팔지 가운데 십신이 곧 삼세간인 까닭이니, 말하자면 중생신과 국토신 등이라 한 것과 같나니
이미 『현담』 문장에 나타내었다.

곧 허공과 같은 몸이라고 한 것은 경문을 회석한 것이니,
말하자면 이 경에서는 다만 말하기를 신상은 허공과 같은 등이라 하였거니 어찌 십신十身의 뜻이 있겠는가 하기에, 그런 까닭으로 지금에 해석하여 말하기를 허공과 같다고 한 말은 곧 십신 가운데 허공신이니

팔지 가운데 십신을 허공신으로써 상작相作하였다.

지금에 말하기를 넓은 몸을 시현하였다고 한 것은 곧 양중兩重 십신을 다 갖추었다.

하경下經[319]에 말하기를 허공신으로써 중생신을 지으며 국토신을 지으며 업보신을 지으며 성문신을 지으며 연각신을 지으며 보리신을 지으며 여래신을 짓는다 한 것과 같나니,

이것이 허공신에 나머지 아홉 신身을 시현한 것이다.

그 여래의 신상에 이미 보리신과 원신과 화신과 법신과 지신 등을 갖추었다면 곧 백신百身과 천신千身이 있을 것이고, 낱낱 유형의 몸이 다시 각각 수많은 몸을 섭수할 것이기에 그런 까닭으로 말하기를 넓은 몸을 시현하여 일체와 같게 하였다고 하였다.

또 허공과 같다고 한 말은[320] 법신과 지신을 포함하고 있나니 곧 이것은 진신眞身이다. 진신에 즉하여 시현하거니 어찌 갖추지 못하겠는가.

疏

十은 上分權實인댄 唯有第九가 屬於此經이어니와 若據融攝하고 及攝同教인댄 總前九義하야 爲一總句니 是謂如來의 無礙身土니

---

319 하경下經이라고 한 것은 십지품 가운데 제팔지경이다.

320 또 허공과 같다고 한 등은, 『잡화기』에 이 위에는 사실이 공함을 잡아 해석한 것이고, 여기는 진리(理-이치)가 공함을 잡아 해석한 것이라 하였다.

라 普賢亦爾하야 義隨隱顯하야 不可累安이니 達者尋文하야 無生
局見하라

열 번째는 이상을 방편과 진실[321]로 분류한다면 오직 제 아홉 번째만
이 이 경에 속해 있다 할 것이어니와, 만약 융합하여 섭수하고
그리고 동교에 섭수한 것을 의거한다면 앞에 아홉 가지 뜻을 총괄하
여 하나의 총구總句를 삼을 것이니,
이것을 여래의 무애신토無礙身土라 말하는 것이다.
보현보살도 또한 그러하여 뜻이 숨고 나타남을 따라 가히[322] 얽매어
두지 않나니,
통달한 사람은 문장을 찾아 극한된 소견을 내지 말 것이다.

鈔

十에 上分權實等者는 爲揀淺深하야 以分權實故로 前八非實거니와
若不攝權이라도 亦非眞實이니 如說海水가 異於百川이라하야 不攝
百川이라도 非海水矣하니라 隨義布列인댄 有十不同거니와 得意而談
인댄 一一融攝하니라

열 번째 이상을 방편과 진실로 분류한다고 한 것은 얕고 깊은 것을

---

321 방편과 진실이란 前八은 방편이고, 第九만 진실이다.
322 뜻이 숨고 나타남을 따라 가히라고 한 등은, 말하자면 저 십문十門에 한
문을 거론함에 따라 매번 하나가 나타나지만, 그러나 나머지는 숨는 것이라고
『잡화기』는 말한다.

가리기 위하여 방편과 진실을 분류한 까닭으로 앞에 여덟 가지는
진실이 아니거니와, 만약 방편을 섭수하지 아니하여도 또한 진실이
아니니,

마치 바닷물이 백천百川과 다르다 하여 백천을 섭수하지 아니하여도
바닷물이 아닌 것과 같다.

뜻을 따라 펴서 열거한다면 열 가지 같지 아니함이 있거니와, 뜻을
얻어 말한다면 낱낱이 다 융합하여 섭수하는 것이다.

疏

上言土有五重者는 一은 唯法性이니 屬前三身이요 二者는 雙泯이
니 屬於第四요 三은 具性相이니 五六七八所依요 四는 融三世間이
니 屬於第九요 五는 總前諸義니 卽第十依라

위에서 국토가 오중五重이 있다[323]고 말한 것은
첫 번째는 오직 법성토니
앞의 삼신에 속하는 것이요
두 번째는 함께 없는 것이니
제 네 번째[324]에 속하는 것이요
세 번째는 성性과 상相을 갖춘 것이니

---

[323] 위에서 국토가 오중五重이 있다고 한 것은 영인본 화엄 3책, p.638, 4행에
국토는 몸을 따라 나타낸다면 이에 오중이 있다 하였다.

[324] 네 번째라고 한 것은 제 네 번째 경계와 지혜가 함께 없는 것이다.

다섯 번째와 여섯 번째와 일곱 번째와 여덟 번째에 의지한 바요

네 번째는 삼세간을 융섭한 것이니

제 아홉 번째에 속하는 것이요

다섯 번째는 앞에 모든 뜻을 총괄하는 것이니

곧 제 열 번째에 의지한 것이다.

鈔

上言土有五重下는 三에 別示土相이니 謂前三은 如智가 有離合之殊

일새 故分三身이나 其所依土는 唯一法性이라 餘可思準이라

위에서 국토가 오중이 있다고 말한 것이라고 한 아래는 세 번째

국토의 모습을 따로 보인 것이니,

말하자면 앞에 세 가지는 여여와 여여지가 분리되고 합해지는 다름

이 있기에 그런 까닭으로 삼신을 나누었지만, 그 의지하는 바 국토는

오직 하나뿐인 법성토이다.

나머지는 가히 생각하여 기준할 것이다.

經

普賢安住諸大願하야 獲此無量神通力하야
一切佛身所有刹에　悉現其形而詣彼하니다

一切衆海無有邊일새 分身住彼亦無量하니다

보현보살이 모든 큰 서원에 편안히 머물러
이 한량없는 신통의 힘을 얻어
일체 부처님의 몸에 있는 바 국토에
다 그 형상을 나타내어 저곳에 나아갔습니다.

일체 대중의 바다가 끝이 없기에
몸을 나누어 저곳에 머무는 것도 또한 한량이 없습니다.

疏

二에 普賢安住下에 一偈半은 大願故遍이니 兼顯遍於正中之依
也니라 重重皆遍거늘 今不見者는 機不應故며 不見은 卽是虛空身
故며 亦遍不見處故니라

두 번째 보현보살이 모든 큰 서원에 편안히 머물렀다고 한 아래에
한 게송 반은 큰 서원에 머문 까닭으로 두루한 것이니,
정보 가운데 의보에 두루한 것도 겸하여 나타낸 것이다.

중중으로 다 두루하거늘 지금에 보지 못하는 것은 중생이 응하지 못하는 까닭이며

보지 못하는 것은 곧 이것은 허공신인 까닭이며

또한 보지 못하는 곳에 두루하는 까닭이다.

鈔

重重皆遍下는 通其妨難이라 難云호대 如上所說인댄 則無一處도 無有普賢거늘 今何不見고 釋有三意하니 一은 約機不見이니 是盲者過요 二는 不見是見이니 見虛空身이라 謂以虛空은 不可見故니 若不見者인댄 眞見虛空이라 三에 亦遍不見處故者는 明見則不遍이니 何者오 以可見不可見이 皆是普賢身이니 要令可見으로만 爲身인댄 則普賢身이 不周萬有하리라 如智를 不可見이라하야 豈非智身耶아 明知하라 由有不見之處하야사 方知身遍耳니라 此第三身은 何人能見고 慧眼方見이요 非肉眼所見이니 慧眼無見이나 無不見故니라

중중으로 다 두루한다고 한 아래는 그 방해하여 비난함을 통석한 것이다.

비난하여 말하기를 위에서 말한 바와 같다고 한다면 곧 한 곳도 보현이 있지 아니함이 없거늘, 지금에 어찌하여 보지 못한다고 하는가.

통석함에 세 가지 뜻이 있나니

첫 번째는 중생(機)이 보지 못함을 잡은 것이니

이것은 눈먼 사람의 허물이요

두 번째는 보지 못하는 것이 이에 보는 것이니

허공신을 보는 것이다.

말하자면 허공은 가히 볼 수 없는 까닭이니[325]

만약 볼 수 없다고 한다면 진실로 허공을 보는 것이다.

세 번째 또한 보지 못하는 곳에 두루하는 까닭이라고 한 것은 보는 것이 곧 두루하지 아니함을 밝힌 것이니,

무엇 때문인가.

가히 보게 하고 가히 보게 하지 못하는 것이 다 이 보현의 몸이니, 중요한 것은 가히 보게 하는 것으로만 하여금 몸을 삼는다면 곧 보현의 몸이 만유에 두루하지 않을 것이다.

여여지를 가히 볼 수 없다 하여 어찌 지혜의 몸이 아니라 하겠는가.

분명히 알아라.

보지 못하는 곳이 있음을 인유하여야 바야흐로 몸이 두루하는 줄 알 것이다.

이 제 세 번째 몸은 어떤 사람이 능히 보는가.

지혜의 눈을 갖춘 이라야 바야흐로 보고 육안으로는 볼 바가 아니니,

지혜의 눈은 볼 수 없지만 보지 못하는 곳이 없는 까닭이다.

---

325 원문에 견고見故라는 말 아래에 약불견고若不見故라는 四字는 없는 것이 좋다. 『잡화기』도 이와 같이 말하였다.

（經）

所現國土皆嚴淨거늘 一刹那中見多劫하니다

普賢安住一切刹하야 所現神通勝無比하야
震動十方靡不周하니 令其觀者悉得見하니다

나타낸 바 국토가 다 장엄되어 청정하거늘
한 찰나 가운데서 수많은 세월(多劫)을 봅니다.

보현보살이 일체 국토에 편안히 머물러
나타낸 바 신통이 수승하여 비교할 수가 없어
시방을 진동하여 두루하지 아니함이 없나니
그 보는 사람으로 하여금 다 봄을 얻게 합니다.

（疏）

三에 有一偈半은 明所現超勝이라

세 번째 한 게송 반이 있는 것은 나타낸 바가 뛰어나고 수승함을
밝힌 것이다.

經

一切佛智功德力과　種種大法皆成滿이나
以諸三昧方便門으로 示己往昔菩提行하니다

일체 부처님의 지혜와 공덕의 힘과
가지가지 큰 법을 다 성취하여 만족하였지만
모든 삼매와 방편문으로써
자기의 지나간 옛날에 보리의 행을 시현합니다.

疏

四에 有一偈는 果德已滿이나 不捨因門이라

네 번째 한 게송이 있는 것은 과덕을 이미 만족하였지만 인문因門을
버리지 않는 것이다.

經

如是自在不思議를　十方國土皆示現하며
爲顯普入諸三昧하야 佛光雲中讚功德하니다

이와 같이 자재하고 사의할 수 없음을
시방 국토에 다 시현하며
널리 모든 삼매에 들어감을 나타내기 위하여
부처님의 광명의 구름 가운데 공덕을 찬탄합니다.

疏

第三에 一偈는 結讚所由者는 自在難思를 現無不普하며 標入一
定이나 實則普游니 非佛光雲이면 安能讚述이리요

제 세 번째에 한 게송은 찬탄하는 이유를 맺는다고[326] 한 것은 자재하
고 사의하기 어려움을 시현하되 널리 시현하지 아니함이 없으며
한 삼매에 들어감을 표하였지만 진실로는 곧 널리 모든 삼매에
노님을 표한 것이니,
부처님의 광명의 구름이 아니면 어찌 능히 찬탄하여 진술하겠는가.

---

326 한 게송은 찬탄하는 이유를 맺는다고 한 것은 영인본 화엄 3책, p.636,
3행에 뒤에 한 게송은 찬탄하는 이유를 맺는다 한 것이다.

經

爾時에 一切菩薩衆이 皆向普賢하야 合掌瞻仰하고 承佛神力하야 同聲讚言호대

그때에 일체 보살 대중이 다 보현보살을 향하여 합장하여 우러러보고 부처님의 위신력을 받아 같은 음성으로 찬탄하여 말하기를

疏

第六은 大衆讚請分이라 前衆問佛거늘 佛示法主하시고 衆覩定起일새 故로 讚請普賢이니 前但舊衆이요 此通新舊일새 故云一切라 하니라 所問同前일새 故但略擧니라

제 여섯 번째는 대중이 찬탄하여 청하는 분이다.[327]
앞에 대중이 부처님께 묻거늘 부처님이 설법주[328]를 보이시고, 대중이 보현이 삼매에서 일어남을 보기에 그런 까닭으로 보현보살을 찬탄하여 청한 것이니
앞에 대중은 다만 구舊 대중뿐이요
여기 대중은 신新·구舊 대중에 통하기에 그런 까닭으로 말하기를 일체 보살 대중이다 하였다.

---

327 대중이 찬탄하여 청하는 분이라고 한 것은 앞에서는 대중이 게송으로 청하는 분(大衆偈請分)이라 하였다.
328 설법주라고 한 것은 보현보살이다.

질문한 바는 앞에서와 같기에 그런 까닭으로 다만 간략하게 거론하
였을 뿐이다.

經

從諸佛法而出生하고 亦因如來願力起하나니
眞如平等虛空藏으로 汝已嚴淨此法身하니다

모든 불법을 좇아 출생하고
또한 여래의 원력을 인하여 일어나나니
진여의 평등한 허공장藏으로
그대가 이미 이 법신을 장엄하고 청정케 하였습니다.

疏

十頌分三하리라 初八은 歎主請이니 彰其能說이요 次一은 擧法請
이니 正陳所疑요 後一은 歎衆請이니 明有堪聞之器라 前中二니
初五頌은 歎普賢因果深廣德이니 明有說因이요 後三은 歎能遍
塵刹雨法德이니 明有說果라 今初는 偈各一義니 初一은 讚己淨
法身이니 三句明因이요 一句明果라 因有三義하니 一은 因修法生
이니 義通緣了요 二는 由大願起니 卽是緣因이요 三은 依如來藏하
야 證眞平等이니 此爲正因이라 眞如는 卽是不空이요 虛空은 卽是
空藏이요 平等與藏은 通上二義라

열 가지 게송을 세 가지로 분류하겠다.
처음에 여덟 게송은 설법주를 찬탄하여 청한 것이니
그가 능히 설함을 밝힌 것이요

다음에 한 게송은 법을 들어 청한 것이니
바로 의심하는 바를 진술한 것이요
뒤에 한 게송은 대중을 찬탄하여 청한 것이니
들음을 감당할 그릇이 있음을 밝힌 것이다.

앞의 가운데 두 가지가 있나니
앞에 다섯 가지 게송은 보현의 인과가 깊고 넓은 공덕을 찬탄한
것이니
설법의 원인(因)이 있음을 밝힌 것이요
뒤에 세 가지 게송은 능히 미진수 국토에 두루하여 진리(法)를 비
내리는 공덕을 찬탄한 것이니
설법의 과보(果)가 있음을 밝힌 것이다.

지금은 처음으로 게송마다 각각 한 가지 뜻이 있나니
처음에 한 게송은 이미 법신을 청정케 한 것을 찬탄한 것이니
세 구절은 원인(因)을 밝힌 것이요,
한 구절은 과보(果)를 밝힌 것이다.
원인(因)에 세 가지 뜻이 있나니
첫 번째는 불법을 수행함을 인하여 출생한 것이니
뜻이 연인緣因과 요인了因에 통하는 것이요
두 번째는 큰 서원을 인유하여 일어난 것이니
곧 이것은 연인緣因이요
세 번째는 여래장을 의지하여 진여의 평등함을 증득한 것이니

이것은 정인正因이다.

진여는 곧 이 불공여래장이요

허공은 곧 이 공여래장이요

평등과 더불어 장藏은 위에 두 가지 뜻에 통하는 것이다.

鈔

一에 因修法生等者는 然準涅槃인댄 緣因은 對於正因이요 了因은 對於生因이라 而緣亦名了니 如酵煖等이 爲酪緣因하야 卽能了彼乳中之酪하야 令得成酪이라 而今開異는 義小殊故니라 了謂照了니 不通於生이요 緣謂衆緣이니 義通生了일새 今從別義니라 又對正因이 是眞如일새 故云通緣了이라하고 如不可生일새 故但名了니라 偈云出生者는 出於二障일새 故曰出生이라하고 非生眞如니라 諸佛法言은 通敎理行果라 通於二因이니 義如上說하니라 眞如는 卽是不空者는 此言不空이 自有二義하니 一은 空者는 所謂生死요 不空者는 是謂眞如涅槃이라 二는 對下空藏하야 是不空藏이니 妙有之中에 含性德故니라 平等與藏者는 藏通眞如에 是不空如來藏이요 藏通虛空에 是空如來藏이라 平等通二者는 一은 眞如體性平等이요 二는 虛空無相平等이니 此二不二가 是眞平等이요 悟法性空이 是眞如故라 經云호대 汝已嚴淨此法身者는 對上眞如하야 卽是法身이요 出障名淨이요 因華行滿을 是已莊嚴이니 易故不釋하니라

첫 번째 불법을 수행함을 인하여 출생한 것이라고 한 등은 그러나

『열반경』을 기준한다면 연인은[329] 정인을 상대한 것이고, 요인은
생인生因을 상대한 것이다.

그러나 연인도 또한 요인이라 이름하나니,

마치 주모酒母[330]와 따뜻한 등이 소락의 연인이 되어 곧 능히 저
젖 가운데 소락을 알아[331] 하여금 소락을 이룸을 얻게 하는 것과
같다.

그러나 지금에 전개한 것이 다른 것은 뜻이 조금 다른[332] 까닭이다.
요了는 말하자면 조요照了이니 생인에는 통하지 않고, 연緣은 말하자
면 중연衆緣이니 뜻이 생인과 요인에 통하기에 지금에는 별別의
뜻을 좇았다.

또 정인이 이 진여를 상대하기에[333] 그런 까닭으로 말하기를 연인과

---

329 연인이라 운운한 것은,『잡화기』에 9행(영인본 화엄 3책, p.654, 9행)의 성락成酪
   이라고 함에 이르기까지 다 이『열반경』의 뜻이다. 그 가운데 연인은 정인을
   상대한 것이라고 한 것은 저『열반경』에 여섯 가지 상대의 생인과 요인의
   이인二因이 있나니, 저 여자권餘字卷 하권 15장 이하에 인용한 바와 같다
   하였다.

330 효모酵母는 곧 주모酒母이니 酵는 술밑 효이다. 또 술이 괼 효이다.

331 젖 가운데 소락을 아는 것이 곧 요인了因이라 하겠다.

332 뜻이 조금 다르다고 한 것은『잡화기』에 곧 바로 아래 요인은 국한하고
   연인은 통한다고 한 것이 이것이다 하였다. 즉 요了는 조요이니 생인에만
   통하고 연緣은 중연이니 생인과 요인에 통한다고 한 것이 조금 다르다는
   것이다.

333 또 정인이 이 진여를 상대한다 운운한 것은, 어떤 사람이 말하기를 이미
   요인은 국한하고 연인은 통한다고 하였다면 다만 연인이라 말하는 것이
   족하거늘 하필 다시 요인이라는 말을 첨가하는가 할까 염려하기에, 그런

요인에 통한다 하였고, 진여는 가히 출생할 수 없기에 그런 까닭으로 다만 요인이라고만 이름하였을 뿐이다.

게송에 말하기를 출생이라고 한 것은 두 가지 장애를 벗어났기에 그런 까닭으로 말하기를 출생이라고 하였을 뿐 진여를 출생하였다는 것은 아니다.

모든 불법이라고 말한 것은 교·리·행·과에 통하는 것이다.

이인二因[334]에도 통하는 것이니 그 뜻은 위에서 말한 것과 같다.

진여는 곧 이 불공여래장이라고 한 것은 여기에 불공여래장이라고 말한 것이 스스로 두 가지 뜻이 있나니

첫 번째는 공여래장은 말하자면 생사요

불공여래장은 말하자면 진여 열반이다.

두 번째는 아래에 공여래장[335]을 상대하여 불공여래장이라 한 것이니 묘유 가운데 항사 성덕을 포함한 까닭이다.

까닭으로 여기에서 그것을 밝힌 것이다. 이 아래 상대한 바 정인은 이 오온이 아니고 이에 이 진여이니, 이미 진여라고 하였다면 다만 이것은 요인의 알 바(所了)이고 이 생인의 생기할 바(所生)가 아닌 까닭으로 반드시 요인이라는 말을 첨가해야 하는 것이다.

만약 다만 연인이라고만 말할지라도 그 뜻은 또한 생인에도 통하는 까닭이다. 그러한즉 정인을 상대하여 연인이라 말하고, 진여를 상대하여 요인이라 말하는 것이라 하겠다. 이상은 다 『잡화기』의 말이다.

334 이인二因이란, 연인緣因과 요인了因이다.

335 아래에 공여래장이라고 한 것은, 소문에 허공은 곧 이 공여래장이라 한 것이다.

평등과 더불어 장藏이라고 한 것은 장藏이 진여에 통함에 이것은
불공여래장이요

장藏이 허공에 통함에 이것은 공여래장이다.

평등이 두 가지에 통하는 것은

첫 번째는 진여가 자체성이 평등한 것이요

두 번째는 허공이 모습이 없어 평등한 것이니

이 둘이 둘이 없는 것이 이것이 진평등이요

법성이 공함을 깨달은 것이 이것이 진여인 까닭이다.

경에 말하기를 그대가 이미 이 법신을 장엄하고 청정케 하였다고
한 것은 위에 진여[336]를 상대하여 곧 법신이라 한 것이요

장애를 벗어난 것을 청정(淨)이라 이름한 것이요

인화因華의 만행이 충만한 것을 이미 장엄하였다고 한 것이니,

이것은 쉬운 까닭으로 해석하지 않는다.

---

336 위에 진여라고 한 것은, 경문 제삼구에 진여는 평등하여 허공과 같다 한
   것이다.

經

一切佛刹衆會中에 普賢遍住於其所하니
功德智海光明者가 等照十方無不見하니다

일체 부처님 국토에 대중이 모인 가운데
보현보살이 두루 그곳에 머무나니
공덕의 지혜 바다 광명의 존재가
시방을 평등하게 비추어 보지 아니함이 없게 합니다.

疏

二는 讚遍住佛刹이니 第三句는 遍因이요 餘皆遍相이라 因中에
具智莊嚴일새 故能等照하고 具功德嚴일새 令無不覩하니라

두 번째는 두루 부처님의 국토에 머무름을 찬탄한 것이니
제 세 번째 구절은 두루하는 원인이요
나머지 구절은 다 두루하는 모습이다.
두루하는 원인 가운데 지혜의 장엄을 갖추었기에 그런 까닭으로
능히 평등하게 비추고, 공덕의 장엄을 갖추었기에 하여금 보지
아니함이 없게 하는 것이다.

經

普賢廣大功德海가 遍往十方親近佛하고
一切塵中所有刹에 悉能詣彼而明現하니다

보현보살의 광대한 공덕의 바다가
두루 시방에 가서 부처님을 친근하고
일체 티끌 가운데 있는 바 국토에
다 능히 저곳에 나아가 밝게 나타났습니다.

疏

三은 讚近佛이라

세 번째는 부처님을 친근함을 찬탄한 것이다.

經

佛子我曹常見汝하니 詣如來所悉親近하고
住於三昧實境中을　一切國土微塵劫하니다

불자[337]여, 우리들 무리가 항상 그대를 보니
여래의 처소에 나아가 다 친근하고
삼매의 진실한 경계 가운데 머물기를
일체 국토에 작은 티끌 수 세월(劫)토록 하였습니다.

疏

四는 讚常定이니 實境中者는 不隨想轉故라 曹者는 輩也라

네 번째는 항상 삼매에 머무름을 찬탄한 것이니
진실한 경계 가운데라고 한 것은 생각을 따라 유전하지 않는 까닭
이다.
조曹는 무리(輩)라는 뜻이다.

---

337 불자라고 한 것은, 여기서는 보현보살을 말한다. 그 아래 그대라는 말도
　　보현보살을 말한다.

經

佛子能以普遍身으로 悉詣十方諸國土하야
衆生大海咸濟度하대 法界微塵無不入하니다

불자여, 능히 널리 두루하는 몸으로써
다 시방의 모든 국토에 나아가
중생의 큰 바다를 다 제도하되
법계의 작은 티끌 수 세계까지 들어가지 아니함이 없습니다.

疏

五는 讚度生이니 曲盡微塵者는 細處에 有多衆生故니라

다섯 번째는 중생을 제도함을 찬탄 것이니
작은 티끌 수 세계까지 자세하게 다한 것은 미세한 곳에 수많은
중생이 있는 까닭이다.

鈔

細處에 有多衆生者는 卽離世間品五十五經의 十種如金剛大乘誓
願心中에 第二心云호대 菩薩摩訶薩이 又作是念호대 於一毛端處에
도 有無量無邊衆生거든 何況一切法界리요 我當盡以無上涅槃으로
而滅度之리니 是爲第二의 如金剛大乘誓願心이라하니 今云法界微

塵無不入이 與一毛端處로 大意同也니라

미세한 곳에 수많은 중생이 있다고 한 것은 곧 이세간품 오십오경의
열 가지 금강과 같은 대승서원의 마음 가운데 제 두 번째 마음에
말하기를, 보살마하살이 또 이와 같은 생각을 하기를 한 털끝의
처소에도 한량없고 끝없는 중생이 있거든 어찌 하물며 일체 법계이
겠는가.

내가 마땅히 다 더 이상 없는 열반으로써 그들을 멸도할 것이니
이것이 제 두 번째 금강과 같은 대승서원의 마음이 되는 것이다
하였으니,

지금에 말하기를 법계의 작은 티끌 수 세계까지 들어가지 아니함이
없다고 한 것이 한 털끝 처소라고 한 것으로 더불어 대의大意가
같은 것이다.

經

入於法界一切塵이나　其身無盡無差別하나니
譬如虛空悉周遍하야　演說如來廣大法하니다

一切功德光明者가　如雲廣大力殊勝하야
衆生海中皆往詣하야　說佛所行無等法하니다

爲度衆生於劫海에　普賢勝行皆修習하야
演一切法如大雲하나니 其音廣大靡不聞하니다

법계의 일체 작은 티끌 수 세계까지 들어가지만
그 몸은 다함도 없고 차별도 없나니
비유하자면 허공이 다 두루함과 같이
그곳에서 여래의 광대한 법을 연설합니다.

일체 공덕 광명의 존재가
구름과 같이 광대하고 힘이 수승하여
중생의 바다 가운데 다 나아가서
부처님이 행하신 바 비등할 수 없는 진리를 설합니다.

중생을 제도하기 위하여 한량없는 세월의 바다에
보현의 수승한 행을 다 닦아 익혀

일체 법을 연설하되 큰 구름과 같이 하나니
그 음성 광대하여 들리지 않는 곳이 없습니다.

疏

二에 有三頌은 說法果라 於中에 初一은 讚常演大法이니 如空之
言은 下喩廣大요 前喩無盡無差라

두 번째 세 게송이 있는 것은 설법의 과보이다.
그 가운데 처음에 한 게송은 항상 광대한 법을 연설함을 찬탄한
것이니
허공과 같다고 한 말은 아래[338]로는 광대하다고 함에 비유한 것이요,
앞[339]으로는 다함도 없고 차별도 없다고 함에 비유한 것이다.

鈔

二에 有三頌은 說法果者는 此有二意하니 一은 說法卽果니 對上說因
하야 名爲說果요 二는 稱根令喜가 是說法果라 今具二意니 謂具功
德光明과 廣大勝力等은 卽說法因이요 今能遍說은 卽是說果니 是初
意也라 二는 由上遍說勝法하야 能度衆生이니 卽是後義니 以稱根故
니라

---

338 아래란, 제사구이다.
339 앞이란, 제이구이다.

두 번째 세 게송이 있는 것은 설법의 과보라고 한 것은[340] 여기에
두 가지 뜻이 있나니

첫 번째는 법을 설하는 것이 곧 과보이니,

위에 설법의 원인을 상대하여 이름을 설법의 과보라 한 것이요
두 번째는 근기에 칭합하여 하여금 환희케 하는 것이 이 설법의
과보이다.

지금에는 이 두 가지 뜻을 갖추었나니,

말하자면 공덕광명과 광대하고 수승한 힘을 갖춘 등은 곧 설법의
원인이고, 지금에 능히 두루 설하는 것은 곧 이 설법의 과보이니
이것은 처음의 뜻이다.

두 번째는 위에 두루 수승한 법을 연설함을 인유하여 능히 중생을
제도하는 것이니,

곧 이것은 뒤의 뜻[341]이니 근기에 칭합한 까닭이다.

疏

次一은 讚說無等法이라 無等有二하니 一은 能說力勝이니 具二嚴
故요 二는 所說無等이니 說佛所行故라

---

340 원문에 명유설과자明有說果者는 이유삼송二有三頌은 설법과자說法果者라고
하는 것이 옳다. 따라서 고쳐 번역하였다.
341 뒤의 뜻이라고 한 것은 두 가지 뜻 가운데 제 두 번째 근기에 칭합하여
하여금 환케 하는 것이 이 설법의 과보라 한 것이다.

다음에 한 게송은 비등할 수 없는 법을 설함을 찬탄한 것이다.

비등할 수 없는 것에 두 가지가 있나니

첫 번째는 능히 설법하는 힘이 수승한 것이니

두 가지 장엄[342]을 갖춘 까닭이요

두 번째는 설법하는 바가 비등할 수 없는 것이니

부처님께서 행하신 바를 설하는 까닭이다.

鈔

一에 能說力勝者는 卽是說因이니 功德은 是福德莊嚴이요 光明은 名爲智慧莊嚴이니 此以前半에 力殊勝言으로 釋此無等이라 下釋易 知니라

첫 번째 능히 설법하는 힘이 수승하다고 한 것은 곧 이것은 설법의 원인이니

공덕은 이 복덕장엄이 되고

광명은 이름이 지혜장엄이 되나니,

이것은 앞의 반 게송에 힘이 수승하다는 말로써 여기에 비등할 수 없다는 말을 해석한 것이다.

아래에 해석한[343] 것은 쉽게 알 수가 있을 것이다.

---

342 두 가지 장엄이란, 복덕과 지혜이다.

343 아래에 해석한 것이라고 한 것은, 소문에 두 번째는 설하는 바가 비등할 수 없다 한 이하이다.

疏

後에 一頌은 擧因結果하야 顯德有由니 曠劫因圓故라 故能雲雨
說法이라

뒤에 한 게송은 설법의 원인을 들어 설법의 과보를 맺어 공덕을
갖춘 것이 이유가 있음을 나타낸 것이니,
한량없는 세월에 인행을 원만히 한 까닭이다.
그런 까닭으로 능히 구름 일듯 비 내리듯 법을 설하는[344] 것이다.

---

[344] 원문에 운우설법雲雨說法이라고 한 것은 여운여우설법如雲如雨說法이니 설법
을 잘함에 비유한 것이다.

經

國土云何得成立하며 諸佛云何而出現이닛가
及以一切衆生海도　願隨其義如實說하소서

국토는 무엇으로[345] 성립함을 얻으며
모든 부처님은 무엇으로 출현하십니까
그리고 일체중생의 바다도
원컨대 그 뜻을 따라서 여실하게 연설하세요.

疏

二에 一頌은 擧法請이라 於中에 前品所問은 雖有多門이나 統其要
歸인댄 莫過三種世間이니 故今三句가 各顯其一이라 又前問은 總
該諸會요 此는 令當會答故니라

두 번째 한 게송은 법을 들어 청한 것이다.
그 가운데 앞 품에서 질문한 바는 비록 다문多門이 있지만 그 중요한
질문만 통합하여 돌아간다면 삼종세간을 지나지 않나니,
그런 까닭으로 지금의 삼구[346]가 각각 그 한 가지 뜻을 나타내었다

---

345 운하云何란, 보통 '어떻게'라고 번역하지만, 지금 여기서는 '무엇'이라고 번역
　　하는 것이 좋다.

346 삼구三句란, 제일구第一句는 기세간器世間, 제이구第二句는 지정각세간智正覺
　　世間, 제삼구第三句는 중생세간衆生世間이다.

하겠다.

또 앞 품에서 질문한 것은 모든 회를 다 해라하는[347] 것이요
여기에서 질문한 것은 당회當會로 하여금 답하게 하는 까닭이다.

鈔

又前問等者는 此有二意하야 唯問於三이니 一은 以要攝廣故요 二는
明總別不同故니 總卽廣問이요 別故唯三이라

또 앞 품에서 질문한 것이라고 한 등은 여기에 두 가지 뜻이 있어서
오직 세 가지만을 질문한 것이니
첫 번째는 중요한 질문으로써 광문廣問을 섭수하는 까닭이요
두 번째는 총문總問과 별문別問이 같지 아니함을 밝히는 까닭이니
총문은 곧 광문이고 별문인 까닭으로 오직 세 가지만을 질문한
것이다.

---

347 원문에 총해제회總該諸會란, 전품前品에 질문이 모든 회會에 걸쳐 답한다는
    것이다.

經

此中無量大衆海가   悉在尊前恭敬住하나니
爲轉淸淨妙法輪하면 一切諸佛皆隨喜하리다

이 가운데 한량없는 대중의 바다가
다 보현존 앞에 공경히 머물러 있나니
그들을 위하여 청정하고 묘한 법륜을 전하면
일체 모든 부처님이 다 따라 기뻐할 것입니다.

疏

末後에 一頌은 歎衆請이니 亦名自述이라 此有二義하니 一은 恭敬
一心이니 內堪受法이요 二는 諸佛隨喜니 外有勝緣일새 故應說也
라 說則上順佛心하고 下隨物欲이라

말후에 한 게송은 대중이 청함을 찬탄한 것이니
또한 스스로 진술한 것이라 이름하기도 한다.

여기에 두 가지 뜻이 있나니
첫 번째는 공경하기를 일심으로 하는 것이니
안으로 진리를 감수하려는 것이요
두 번째는 모든 부처님이 따라 기뻐하는 것이니
밖으로 수승한 인연이 있기에 그런 까닭으로 응당 설하는 것이다.

곧 위로는 부처님의 마음에 수순하고

아래로는 중생의 욕망에 수순함을 말하는 것이다.

청량 징관(淸凉 澄觀, 738~839)

중국 화엄종의 제4조.

절강성浙江省 월주越州 산음山陰 사람으로, 속성은 하후夏侯, 자는 대휴大休, 탑호는 묘각妙覺이다.

11세에 출가하여 계율, 삼론, 화엄, 천태, 선 등을 비롯, 내외전을 두루 수학하였다. 40세(777년) 이후 오대산 대화엄사에 머물면서 『화엄경』을 여러 차례 강설하였으며, 이를 토대로 『대방광불화엄경소』60권, 『대방광불화엄경수소연의초』90권을 저술하고 강의하였다. 796년에는 반야삼장의 『40권 화엄경』 번역에 참여하였고, 덕종에게 내전에서 화엄의 종지를 펼쳤다. 덕종에게 청량국사淸凉國師, 헌종에게 승통청량국사僧統淸凉國師라는 호를 받는 등 일곱 황제의 국사를 지냈다.

저서로 『화엄경주소華嚴經註疏』, 『화엄경수소연의초華嚴經隨疏演義鈔』, 『화엄경강요華嚴經綱要』, 『화엄경략의華嚴經略義』, 『법계현경法界玄鏡』, 『삼성원융관문三聖圓融觀門』 등 400여 권이 있다.

관허 수진貫虛 守眞

1971년 문성 스님을 은사로 출가, 1974년 수계, 해인사 강원과 금산사 화엄학림을 졸업하고, 운성, 운기 등 당대 강백 열 분에게 10년간 참문수학하였다.

1984년부터 수선안거 10년을 성만하고, 1993년부터 7년간 해인사 강원 강주로 학인들을 지도하였다.

대한불교조계종 교육위원, 역경위원, 교재편찬위원, 중앙종회의원, 범어사 율학승가대학원장 및 율주를 역임하였다.

현재 부산 승학산 해인정사에 주석하면서, 대한불교조계종 고시위원장, 단일계단 계단위원·존증아사리, 동명대학교 석좌교수, 동명대학교 세계선센터 선원장 등의 소임을 맡고 있다.

청량국사화엄경소초 20 - 보현삼매품

초판 1쇄 인쇄 2022년 5월 17일 | 초판 1쇄 발행 2022년 5월 27일
청량 징관 **찬술** | 관허 수진 **현토역주** | 펴낸이 김시열
펴낸곳 도서출판 운주사

(02832) 서울시 성북구 동소문로 67-1 성심빌딩 3층

전화 (02) 926-8361 | 팩스 0505-115-8361

ISBN 978-89-5746-678-0 94220
ISBN 978-89-5746-592-9 (총서) 값 17,000원

http://cafe.daum.net/unjubooks 〈다음카페: 도서출판 운주사〉